老いてさまよう

認知症の人はいま

毎日新聞特別報道グループ 編著

毎日新聞社

老いてさまよう——認知症の人はいま

目次

老いてさまよう——認知症の人はいま

はじめに　花谷寿人　4

鳥かごの家から
高齢者を囲い込み　8
リハビリもできず　16
話し相手もなく　19
介護選択肢なく　24
誰とも交わらず　27
制度のはざまで　31
「とにかく住まいを」　35
「居場所はここだけ」——住人たちの年始　38
【反響特集】長生き、喜べぬ現実　42
住み込み取材を続けて——山田泰蔵　50

ある老健より
老健、みとりの場に　56
選別され、出ては戻り　59
安息つかの間——7カ所目、1カ月で逝く　63
敬遠される男性　67
身体拘束の痛み　70
家で食事、妻が笑う　74

閉鎖病棟から
自由奪う抑制帯　80

残る家族も癒えぬ傷　83
呼んでも誰も来ない　87
管つながれ生き続ける　91
つきまとう転院の不安　94
車いすより「歩きたい」　98
再出発へ家族支える　101

「太郎さん」

仮名2年、認知症男性、身元不明のまま　106
「私」知る人どこに　109
身元判明、家族と再会　113
「少し肥えたねえ」家族目を潤ませ　116
「本当の誕生日」笑顔で　120
戻らぬ安定した生活——銭場裕司　122
認知症行方不明・身元不明者問題　関連記事　129
誰にでも起こりうる——銭場裕司　212

JR認知症鉄道事故訴訟

【特集ワイド】認知症事故と損害賠償〈上〉〈下〉　216・222
【記者の目】認知症の人の事故防止、国は十分な情報収集を——山田泰蔵　229
認知症男性事故死控訴審、同居の妻には賠償責任　長男への請求棄却　233
【社説】みんなの目で守ろう　認知症と鉄道事故　238
認知症で列車事故「損害救済制度を」家族の会　240
認知症鉄道事故死問題　関連記事　242

おわりに

小川　一　254

はじめに

川沿いの遊歩道で足を止め、視線を上げた先には青い山並みが見える。東京は都心から電車で小一時間も離れると、のどかな風景が広がる。

山田泰蔵記者が取材のために住み込んだ賃貸マンションは、そんな場所にあった。住人の多くは貧しく、ほかに行き場のない高齢者だ。介護事業者に囲い込まれ、雨露はしのげるものの、孤独で自由はなく、十分な介護など到底望めない。せめてたまには川沿いの遊歩道を車いすで散歩できれば、少しは気も晴れるだろうに。まるで「鳥かご」のような家を、お年寄りたちはなぜ終《つい》の棲家《すみか》にせざるを得ないのだろうか。２０１２年夏、一連のキャンペーン報道「老いてさまよう」の取材はこうして始まった。

連載は取材現場を変えながら続く。中西啓介記者は精神科病院の閉鎖病棟に行き着いた認知症の男性と出会う。三上正さん、１９４５年生まれ。年齢は推定で、名前は仮名だ。資材置き場で倒れているのを発見された。自分の名前は思い出せない。病室の天井を見上げ、時間だけが過ぎていく毎日。「三上正さん」のような人は、全国にいるのではないか。この取材が後に認知症行方不明問題へとつながる。

担当したのは特別報道グループの記者たちだ。東日本大震災が起きた2011年春に発足した。役所や警察の発表に依《よ》らない「調査報道」専門のチーム。小林直キャップを中心に、取材テーマの一つを原発関連に決めた。対象は政府や官僚、電力会社。メディアの役割である「権力の監視」の意味が大きい。もう一つのテーマを高齢者問題にしたのは、日々の暮らしの中から社会のあり方を問う調査報道ができないかと考えたからだった。「老いてさまよう」の取材には、川辺康広、田中龍士の両記者も加わった。2013年春からは松下英志編集委員がチームを率いている。同時に取材班に入った銭場裕司記者が仮名のまま施設で暮らす認知症の「太郎さん」を見つけ出して家族との再会につなげた。キャンペーンは大きな反響を呼び、2014年度の新聞協会賞と菊池寛賞を受賞した。

本書に収められた一連の記事を読み返しつつ、感じることがある。記者たちは、取材した一人一人のお年寄りの顔を繰り返し思い浮かべながら記事を書いている。記事が社会に訴える力を持つとしたら、原点はきっとそこにある。

毎日新聞東京本社編集編成局次長（特別報道グループ担当）　花谷寿人

＊各項文末の（　）内の日付は紙面掲載日。人物の年齢・役職等は掲載当時のものです。

鳥かごの家から

高齢者を囲い込み

介護が必要になった人が行き場を失い、さまよいたどり着く「家」がある。介護事業者が介護報酬をあてこみ、賃貸住宅に集めて囲い込んでいるのだ。各地で増えているが、高齢者施設とみなされないため、法律の制約は少ない。東京郊外のマンションでは互いの交流もない孤独な生活が続き、生きる意欲も奪われていく。鳥かごのような家で何が起きているのか。記者はこの夏(2012年)から一室を借りて住むことにした。

民間集合住宅、介護報酬目当て

東京・八王子。昨年(2011)6月に都内の介護事業者が、不動産会社の管理する古い6階建てマンションの空き室を利用して事業を始めた。今は2階と3階の10室が埋まる。6畳一間にユニットバス・トイレ付き。設備投資はいらない。家賃も入居者10人がそれぞれ負担する。2階の別の1室をヘルパーの詰め所にあて、日中は通常女性2人が「訪問介護」を担当する。夕方からは夜勤1人だけになる。

ドアノブに付けられた風鈴と空き缶。麦わらさんが外出しようとすると、音が鳴ってヘルパーに知らせる

麦わらさん。記者が心の中でそう呼ぶことにした男性が入居したのは（２０１２年）7月12日。記者が住む部屋のはす向かいだ。70代に見える。部屋のドアにヘルパーが空き缶をぶら下げた。その意味はほどなくわかる。

翌日、男性がドアを開けて出ると、缶の音が薄暗い2階の中廊下に響く。麦わら帽子を持って外出しようとしている。年配の女性ヘルパーが詰め所から飛び出してきた。

「どこ行くの？」

「下」

「階段とか危ないからね。ごめんね」

手を引かれ、部屋に連れ戻された。認知症で、徘徊《はいかい》の心配があるようだ。他に9人の入居者がいるため付き添って散歩に行く余裕はないのだろう。ヘルパーも疲れ切っている。

数分後、再び空き缶の音。ヘルパーが立ちふさがる。

「ご飯ができるまで休んでて」

「もうずっと休んでるよ」

「じゃあテレビ見てて」

「いや」

「いいじゃない。みんなそうしてるんだから」

次の日、部屋のドアに風鈴もぶら下げられていた。ドアが開くと空き缶と風鈴の音がする。二重の「警報器」なのだ。

廊下にはパイプいすが一つ置かれた。麦わらさんは多い日で40回以上、廊下に出た。麦わら帽子をかぶって日の当たらない廊下を歩き、いすに座る。入居からひと月近くたったころ、記者は「ここの生活はどうですか」と声をかけた。麦わらさんは「慣れるしかないんだよ」と言った。

記者があいさつしてもやがて反応が少なくなり足元もふらつく。いすに腰掛け、うなだれる姿が気になった。

収入が低く、蓄えも乏しいため有料老人ホームなどに入れない人たちは介護事業者の大事な「顧客」だ。年金や生活保護費で家賃を払い、居続けてもらえれば介護保険で確実な収入を見込める。しかもあくまで入居者の「自宅」。施設のように職員配置基準やスプリンクラーの設置義務はない。

火事になったらどうするのか。社員の一人は言う。

「考えても仕方がない」

「自宅」扱い、責任不在

「鳥かごの家」で暮らす認知症の麦わらさんがふらりと外へ出たのは8月20日夕方のことだった。介護事業者が介護の必要な人たちを囲い込む東京都八王子市の賃貸マンション。部屋のドアを開けたことを知らせる空き缶と風鈴の「警報器」が廊下で鳴ったはずだが、詰め所のヘルパーが聞き逃したらしい。

右足を引きずり、倒れそうになりながら近くの道路を懸命に歩いている。心配してあわてて連れ戻しに行くヘルパー。麦わらさんは記者と目が合うと「どうも」と言って右手を上げた。夏の青空を仰ぎ、陽光を全身に浴びたからか。初めて見る満面の笑みだった。

この事業者の関連会社は以前、堺市の賃貸マンションに高齢者11人を住まわせていた。徘徊防止のため、非常階段にロープを張った。ほかにも同様のマンションが大阪市内に3カ所。病院を回って高齢者を集める営業用のパンフレットには「24時間見守る体制を整備している」とあった。

堺市が昨年8月、高齢者虐待の疑いで立ち入り調査したのを機に関連会社は大阪から撤退する。事業者の拠点は東京・多摩地区に移った。大阪と同じ方法で入居者を管理すれば再び行政の指導を受けかねない。ロープではなく「警報器」を使うのは、そのためだ。

家賃は、生活保護受給者の利用を想定してか、住宅扶助の上限とほぼ同じ5万2000円。冷凍された食材を温めるだけの食事代3万円などと合わせて月8万円余りかかる。ほかに介護保険の1割を負担すると月に10万円を超える。

麦わらさんは年金でなんとかまかなう。入浴は介助の付く週2回のみ。食堂や集会所のような共有スペースもない。低料金の施設を望む人もいるが順番待ちが多く、空きはなか

残暑の昼下がり。外出した麦わらさんは、ヘルパーに抱えられながらマンションに戻っていった

なか見つからない。この事業者は多摩地区にある計3カ所のマンションで、要介護度1～5の40人近い高齢者を集め、訪問介護事業を展開する。各地を転々とし、ここへ来た男性もいる。行き場のない人たちの「受け皿」になっているのだ。

昨年1月、同じ事業者が運営する別のマンションで男性が未明に入浴中、死亡する事故が起きていた。事業者は「介護中ではなかった」として行政に報告していない。社長（40）が取材に答えた。

「ここは施設ではなく自宅。24時間見守る契約ではないし、責任を問われても困る」

麦わらさんは時々外へ出るようになる。

おおよその居場所がわかるGPS（全地球測位システム）機能付き携帯電話を持たされていた。だが、安全は保証できない。10月12日午後、麦わらさんは近所を走る4車線道路の中央分離帯に立っていた。信号も横断歩道もないのに車道へ歩き出す。

「危ない」

気づいた記者は行き交う車に両手を振って知らせた。間一髪だった。

麦わらさんが昨年夏まで働いていたカフェテリアが東京・日本橋にあった。軽食作りの担当だったが、注文をたびたび間違えるようになり、店を辞めざるを得なくなった。入院を経てこのマンションに来た。離婚歴があり、たまに訪ねて来るのは弟くらいだ。

記者は部屋を訪ねた。70代に見えたが、65歳だった。ロック音楽や映画が好きらしい。CDコンポとDVDプレーヤーが並んでいる。接続されていないので動かない。

「友達に会いに行く」

師走の昼下がり、季節外れの風鈴がチリンと鳴った。入居して5カ月が過ぎた今もここがどこだかわからない。

（2012年12月24日朝刊）

＊特養待機者、推計42万人

高齢社会に伴い、介護施設や高齢者向け住宅の需要は高まる一方だが、国や自治体は財政難から比較的低額で入所できる特別養護老人ホームの新規開設を抑制してきた。特養の待機者は全国で42万人と推計され、厳しい在宅介護を強いられる世帯も多い。国は特養などの施設の代わりに、民間業者によるサービス付き高齢者向け住宅の充実を目指しているが、特養の倍以上の費用がかかる住宅がほとんどだ。

＊訪問介護

介護保険で受けられるサービスの一つ。ヘルパーが自宅を訪問し、1人では難しい排泄《はいせつ》や入浴、食事介助などの身体介護を行うほか、必要に応じ家事を援助する。事業者が受領する報酬のうち1割を利用者、残りを自治体が負担する。地域を巡回し訪問する形態が想定されていたが、近年は一般のマンションの他、住宅型有料老人ホームやサービス付き高齢者向け住宅に事務所を併設し、入居者のみに訪問介護をする事業者が増えている。

リハビリもできず

62歳、元すし職人

「鳥かごの家」でなぜか時折、中廊下を掃きそうじする入居者がいる。サブローさん（62）だ。介護事業者が要介護の人たちを囲い込む東京都八王子市の賃貸マンション。部屋を訪ねた。

「こちらにはいつ？」

「わからんね」

記憶はあやふやだ。「お仕事は」と尋ねた時、うれしそうな顔になった。

「すし屋だよ」

ノートの表紙に「闘病記」と書いた日記がある。取材と断り、見せてもらった。雪が残る今年（２０１２）１月の寒い朝、通勤途中で脳梗塞《こうそく》になり、半年間リハビリ病院に入院していたらしい。左半分の視野がないという。日記は病院で書き始めた。

〈7月11日　記憶のけんさをした。でんたくを使って計算の問題をした〉

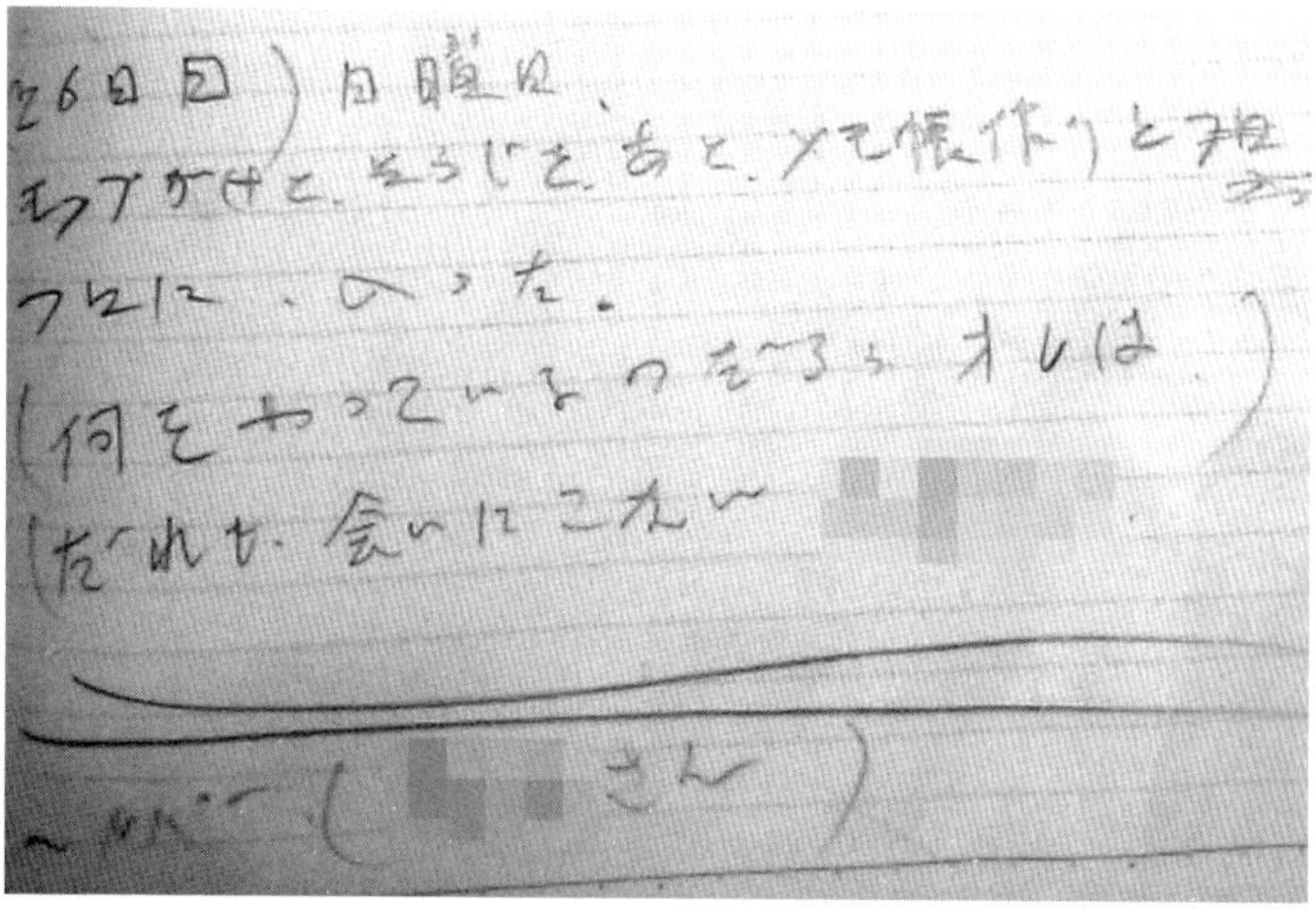

サブローさんの闘病記。「だれも会いにこない」。寂しさがにじむ

〈7月24日　サンポは気持ちよかったです〉

リハビリを重ね、社会復帰をめざす意欲がにじむ。しかし、8月下旬、今のマンションへ移ると日記の内容は一変する。

〈何をしたらいいか分かりません。（廊下の）そうじをたのまれたからしたけど、つかれた〉

〈ここがどこなのかわからない。何をやっているのだろうオレは〉

気力が萎えていくように見える。食事の配膳や入浴介助はあるが、病院のようなリハビリ訓練はない。

4歳上の姉が神奈川県西部の町にいた。

サブローさんは岩手県の小さな町で5人きょうだいの末っ子に生まれた。父親が働く鉱山が閉山し、中学を出て都内のすし店に住み込みで働き、結婚して長男をもうけた。店を持ったが、なじみ客や友人に気前よくおごり、従業員にだまされて店を失う。妻子と別れ、すしのチェーン店に雇われてからはアパートで1人暮らしだった。

長年、支援してきたのが姉の夫（71）だ。

〈（義理の）兄貴にはめんどうばかりかけてすみません〉

日記にそう書かれていたことを記者が伝えると、姉夫婦は涙ぐんだ。

家賃を含め約11万円かかる費用は当面、健康保険からの傷病手当金でなんとかまかなえるが、それも1年半で切れる。支える姉夫婦にも限界がある。

「弟も将来は施設がいいと思うけれど、家賃は安い方がいい。わたしらも年金生活だから」

サブローさんを事業者に紹介したのは、リハビリ病院だった。診断は脳に記憶障害が残る高次脳機能障害。入院が180日を超えると医療保険は適用されない。退院しても、帰る家も支えてくれる家族もない。病院のソーシャルワーカーは受け入れ先を探すため、各地の有料老人ホームなど40カ所以上に当たった。しかし、年齢がまだ若いことや費用が高いことから見つからなかった。

「どんな所か分からず、不安もあったが、傷病手当で収まる場所は他になかった」

ソーシャルワーカーが退院の期限寸前で行き着いたのが、以前、営業でパンフレットを置いていったこの事業者だった。

事業者に患者を紹介した病院は、ほかに少なくとも五つある。

サブローさんの日記には名前を書き連ねた日がある。腕のいい職人で人気者の「さぶちゃん」を知る人たち。一人一人に話しかけているかのようだ。最後に幼いころ別れた息子の名前があった。

〈会いたい〉

（２０１２年12月25日朝刊）

話し相手もなく

92歳、認知症の女性

掃除のモップをつえ代わりにして、背中の丸まった女性が夜勤ヘルパーのいる詰め所を訪ねてきた。介護の必要な人たちを介護事業者が囲い込む東京都八王子市のマンションは夜になると、職員は1人になる。

「おなかがすいたんですか?」

「だって(夕食を)持って来ないんだもの」

「お魚食べたでしょ、白身の魚」

重い認知症のようだ。

「わたしはここにいるけど、家はあるんですから」

「あなたの家はもうないの。家はここ」

入居者10人の多くは家族と疎遠だ。

記者は2階にある女性の部屋を訪ねた。ほとんど物のない6畳間の壁に短冊が1枚飾ってある。ここに来る前に入院していた時に書いたようだ。

〈みんな一緒に早く元気になって　私も頑張ります〉

父親は小学校の校長、自分も北海道の小学校で教師をしていたという。年齢は「88歳」。実際は92歳だ。同じ話を繰り返す。北海道のことだ。

「あっちは寒いけど過ごしいいから。それで、あなたはわたしがここにいることがよくわ

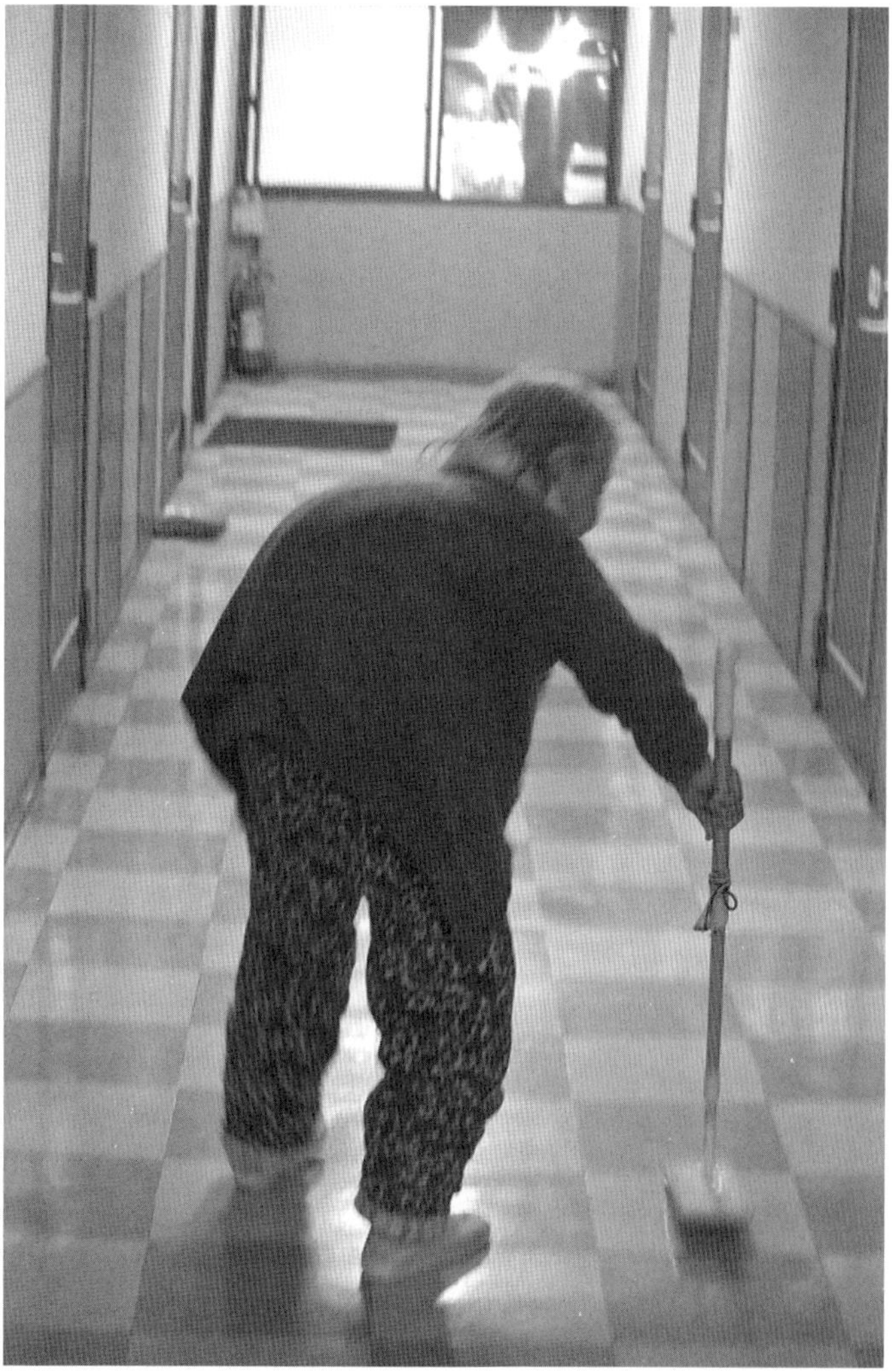

誰かを探しているのか、女性は時折、自室とヘルパーの詰め所を往復する

かったわね」

マンションから一歩も出たことはない。窓の外には川沿いの桜並木の向こうに秩父の山並みが見える。

「ここから眺めてるだけなの」

何かやりたいことは？　と尋ねた時だ。

「なにがやりたいもんですか。ベッドの上に縛り付けられて。島流しですよ」

訪ねて来る人はほとんどいない。人と話をしなければ認知症も進行するばかりだ。入居者の中で、日に何回か部屋のドアから顔をのぞかせ、「もしもし、もしもし」と繰り返す認知症の人がいる。ヘルパーを呼んでいるのだ。しかし、気づかれずにあきらめることも多い。日中は通常、ヘルパーは2人だけ。認知症のケアまで手が回らない。

介護保険法は介護状態を軽くしたり、悪化させないようにしたりすることを目的にうたう。だが、要介護度が上がるほど、事業者の介護報酬は上がる。

「入居者の状態が重くなれば会社はカネになる」

元社員の一人は幹部の言葉を覚えている。

女性には家族と過ごした小さな家が同じ多摩地区に確かにあった。夫と死別後は独り身の妹を呼び寄せ、2人で暮らしていた。妹はたまに姉の顔を見に行く。

「あそこで24時間見てもらって安心しています」

妹も話し相手を失った。近所の人は「妹さんも言動がおかしくなってきたから認知症かもしれない」と心配する。

家のそばには、姉が元気なころに2人で散歩をした多摩川が流れる。

女性の部屋で記者との会話が続く。

「それにしてもあなた、ここにわたしがいることがよくわかったわね」

部屋が少し寒いせいなのか、久しぶりの来客で人恋しかったからか。記者のあごひげに手を伸ばし、触れた。

「ここはあったかそうねえ」


（2012年12月26日朝刊）

介護選択肢なく

66歳、左半身まひの男性

「鳥かごの家」に記者が入居して3カ月たった（2012年）9月末になっても顔を見ない人がいた。介護が必要でも行き場がない人たちがたどりついた東京都八王子市の賃貸マンション。隣室から人の気配を感じるのは、止まっては動くエアコンの室外機の音だけだ。

夕方、隣室を訪ねた。暗闇で声がした。

「ベッドから起き上がれないので手を貸してもらえますか」

左半身がまひしている。睡眠導入剤を常用しているせいで寝たり起きたりの繰り返しだ。昼夜の区別もつきにくい。ヒデオさん、66歳。

明かりをつけると、本棚にIT関連の本が100冊近く並んでいた。2台のパソコンはパスワードが思い出せず動かせない。

「ネットビジネスで一もうけしたかったけどね」

ここに来る前は都心の池袋にある自宅兼事務所の賃貸マンションでリフォーム会社を経

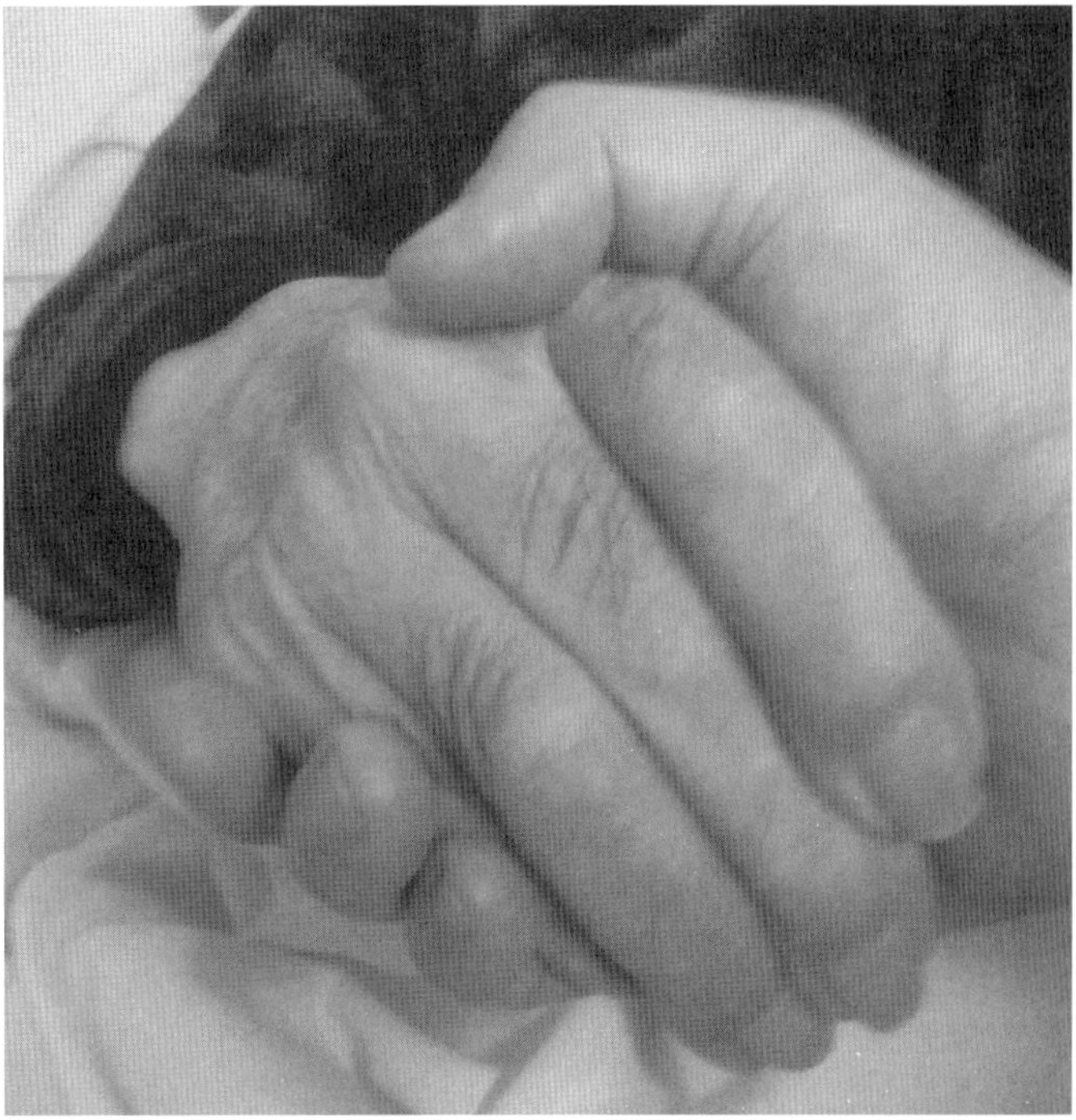

「衰えてしまった。これが力いっぱい」と言ってヒデオさんは記者の手を握った。握力はほとんど感じられなかった

営していた。苦学して有名私立大の大学院を修了し、夢だった起業を果たした。独身を通し、仕事が生きがいだった。3年前の春、脳梗塞《こうそく》で倒れた。収入が絶たれ、蓄えも底をつく。豊島区から生活保護を受けた。

「歩けないから外には出ない。部屋で転んでも立ち上がるのに1時間かかるんだ」

ヒデオさんの部屋と

同じ2階に詰め所を置く介護事業者の「訪問介護」で介助を受けるが、足腰が弱った。要介護3。介護プランを立てたのは、この事業者のケアマネジャー。リハビリ訓練をしたいと頼んでも聞いてもらえなかった。

要介護認定されれば本来、リハビリやデイサービスの利用など本人の希望を聞いて介護のプランが作られる。だがここでは、選択肢を与えられていない。ほかの事業者を利用させれば、その分この事業者の介護報酬が減る。ヘルパーは記者に「いずれ寝たきりになるでしょう」と言った。

ヒデオさんをここに紹介したのは豊島区役所だ。役所と事業者のパイプができたのは、社長が営業に来たのがきっかけだった。生活保護を受けるヒデオさんがすぐに入れる施設はない。特別養護老人ホームへの入居を待つ区内の生活保護受給者は今も約100人。区の担当者は「空きがある」という言葉にひかれた。区は社長が訪問介護事業を展開する都内3カ所の賃貸マンションにこれまで5人を紹介している。区の担当者は「本人から目立った不満は聞いていない」と言う。しかしヒデオさんは記者にこう話していた。

「ただその日が終わるのを待っているんです」

11月中旬、部屋を再び訪ねた。スナップ写真が飾られていた。記者がかつての同業者仲間を探し、ヒデオさんと一緒に台湾旅行した時の一枚をもらって渡していたものだ。「また、働きたいね」。声は弱々しく聞き取れないほどだ。誕生日を迎えたこの日、約1時間の訪問中にベッドから起き上がることはなかった。

記者がこのマンションに入居して5カ月たった冬。一度も顔を見ていない人がまだほかに2人いる。

（2012年12月27日朝刊）

誰とも交わらず

「天涯孤独」86歳女性

夕方、決まって小さなポリ袋を手にゴミ置き場へ行く女性がいる。前をじっと見すえ、人を寄せつけない。介護が必要になっても行き場のない人たちを介護事業者が囲い込む東京・八王子の賃貸マンション。声をかけても返事がない。

その女性（86）は昨秋（2011）、ここへ来た。記者が前の住所を訪ねると、新宿の古い木造2階建てアパートだった。

「わたしは天涯孤独だから」

女性はそう言って人と付き合おうとはしなかった。それでも1人、友人がいた。アパートの住人のうち女性が2人だけになった時、友人が心細くなって「頼りにするからお願いね」と女性にあいさつに行ってから少しずつ親しくなった。

女性は下町で生まれ、早くに母を亡くした。幼い兄弟の世話のため学校にもあまり通えなかった。料理屋の仲居をしながら独身を通し、80歳近くまで飲食店でレジ打ちのパートをした。その後は月8万円の年金だけが頼りだった。

友人も夫と死別後は子供に頼らずに1人暮らしを続けている。85歳までチラシ配りのアルバイトをしていたが、貯金もそろそろ底をつく。収入はわずかな年金と、生活が苦しい息子からの仕送り1万円。風呂のない6畳一間の家賃4万8000円と介護保険料を引くと月約3万円で暮らさなければならない。

それでも生活保護の世話にはなりたくない。家賃の安い都営住宅に申し込んでいるが、抽選に外れてばかりだ。

日課のゴミ出しを終えた女性。寒風の夕暮れ時、路上にたたずんでいた

女性も同じだった。昨年9月、布団につまずいて骨折し、入院。退院後、病院の紹介で老人ホームより格安な今のマンションへ移った。

「普通のマンションにいるの」

友人に一度だけ電話があったという。その話をしながら、友人は深いしわを刻んだ両手で顔を覆った。

「あの人も転んだりしなければ、いまも元気でここにいただろうに。部屋もきちんときれいにしていた人なのよ」

都会の独居高齢者が増える中、収入が少ないと家賃が重い負担になる。この事業者が東京・多摩地区の賃貸マンションを訪問介護の拠点に選んだのも都心より家賃が安く、高齢者を集めやすいのが理由とみられる。

記者はマンションの女性の部屋を訪ねた。チェーンをかけたままドアが開く。

「新宿で同じアパートだったおばあさんが心配されていましたよ」

無表情だった顔が動いた。

「あなたがいなくなって、寂しがっていました」

そう伝えると、目元に笑みが浮かんだ。

「そう？　あの人、同い年なの」

今は誰とも交わることはない。年金だけでは足りない生活費は、疎遠だった親戚が一部を負担しているが、これ以上の援助は無理だという。

親戚の一人は言う。

「あのマンションがおばあさんのついの住み家になると思う」（2012年12月28日朝刊）

制度のはざまで

増加する「灰色」事業者

介護事業者が高齢者を囲い込む東京・八王子の賃貸マンションで、記者が入居者のケアプランに不信を感じたのは（2012年）9月中旬、ある男性の部屋を訪ねていた時のことだ。

「はんこお借りしますね」

2階の詰め所にいるヘルパーが男性の印鑑を持ち出した。利用者が介護を受けたことを証明する書類への押印のためだ。後日、入手した「訪問介護」の週間予定表などを見て愕《がく》然《ぜん》とする。

介護保険制度では訪問介護は排泄《はいせつ》や入浴の「身体介護」と、掃除、洗濯、買い物などの「生活援助」に分かれ、利用時間に応じて報酬が決まる。

夜勤帯の予定表では、毎日午後6時から11時まで30分間の身体介護が空き時間なく続く。朝も6時半から2時間、日勤のヘルパーが出てくるまで予定が埋まっていた。ところが、記者が同じマンションに4カ月余り暮らした中で、プラン通りの介護をしているのを見たことは1日もなかった。

プランが夜間と早朝に集中しているのは介護報酬が昼間の1・25～1・5倍になるからだ。事業者はほぼ予定通りの介護をしたとして介護報酬を保険請求。他業者のデイサービスやリハビリを利用させず、10人のうち8人は自社の訪問介護だけで保険が認める限度ぎりぎりの額を使っていた。しかも限度額は、同じ要介護度でも介護付き有料老人ホームと比べて最高で月に10万円ほど高く設定されている。ヘルパーが自宅を巡回する手間を考慮

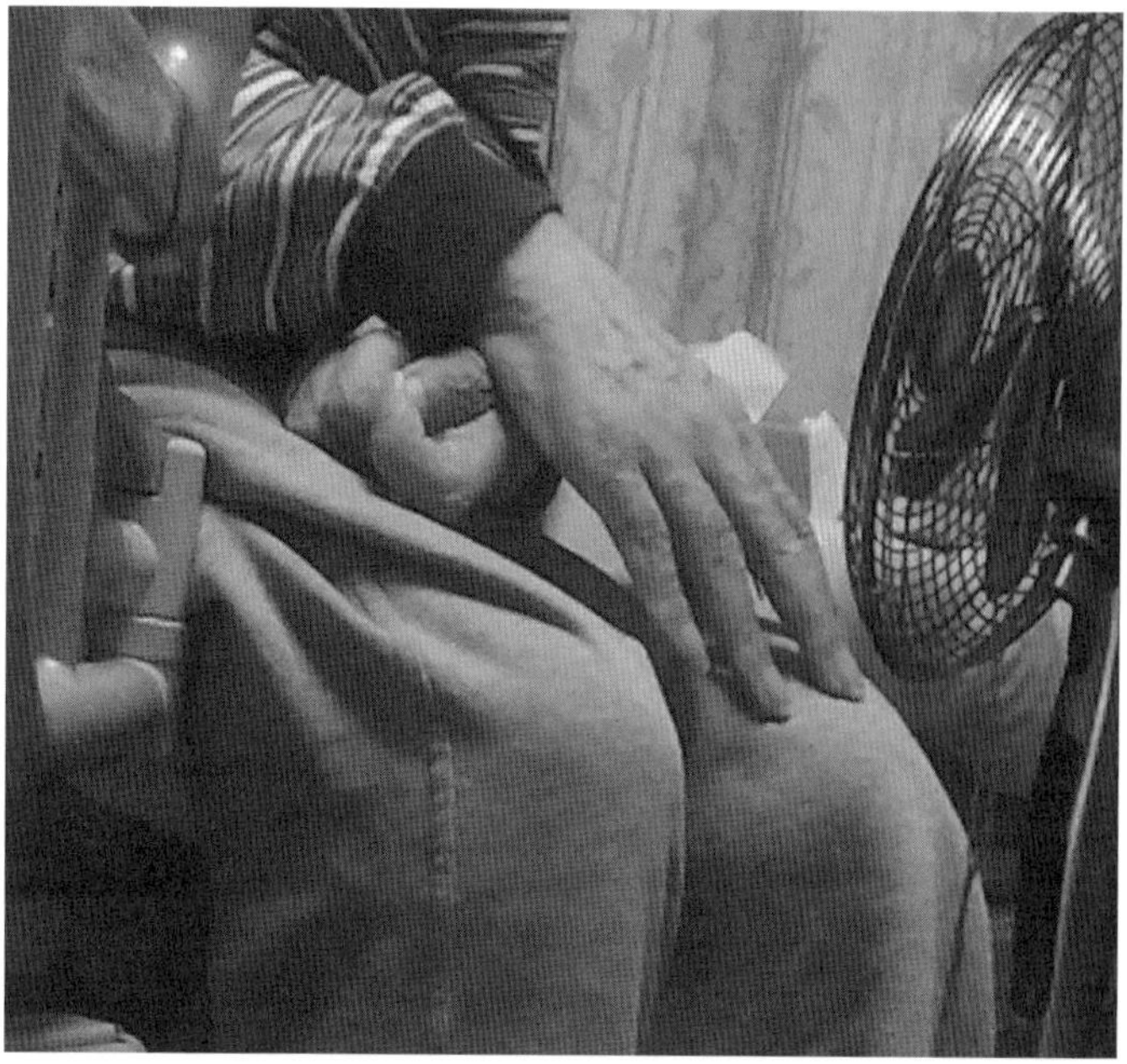

マンションなので風呂は普通のユニットバスだ。脳梗塞で左の手足が不自由な男性は「狭くて、苦労する」と言った

しているためだ。マンションに住まわせれば施設ではなく、それぞれの「自宅」になる。事業者はここに目をつけた。

一方、ヘルパーの労働は過重だ。たとえば入浴。介護用ではなくユニットバスのため、2人しかいない日勤で3時間も費やすことがある。夜勤は専従の1人が毎週5日こなし、入居者からの呼び出しで起こされることも多い。割増賃金はない。ヘルパーはこの1年余りで少なくとも4人が辞めた。人手不足は明らかだが、現場の労働者を酷使するほど事業者の利益は上がる。

ケアプランの担当は、このマンションで訪問介護事業を運営する会社の役員も務めていた30代の男性ケアマネジャーだった。上司はブログで「稼げるケアマネ」とたたえた。だが今年（２０１２）８月に退社し、千葉県内の高齢者施設で施設長をしている。

「事業のやり方に疑問がなければ今も続けていた。でも困っている人を受け入れていることを考えれば全面的に悪いとは思わない」

社長（40）は「プランはケアマネが作るもの。内容が適切だったかと聞かれても分からない」と言った。

同じように高齢者を囲い込む事業者は近年増えている。国は超高齢社会に備え、財政負担の重い特別養護老人ホームなど施設の増加を抑制し、高齢者向け集合住宅を含む「在宅介護」へかじを切った。さらに、新設の特養は近年高額化し、収入が低く、家族の支えもない高齢者は行き場を失うばかりだ。

国の方針のもと、「施設」と「在宅」の隙間《すきま》で生まれた灰色のビジネスモデル。そこで何が起きているのか、外からは見えにくい。

（２０１２年12月29日朝刊）

「賢い業者は指導力の弱い自治体に逃げていく。僕らは撤退させただけですから、心が痛むのです」

「とにかく住まいを」

「必要悪」に頼る行政

堺市の生活保護担当課の幹部は嘆いた。業者とは、東京都八王子市など多摩地区にある3カ所の賃貸マンションに高齢者を囲い込む介護事業者のことだ。

この事業者の前社長が大阪で運営していた会社は、堺市の賃貸マンションに高齢者11人を住まわせ、徘徊《はいかい》防止のため非常階段にロープを張った。昨年（2011）8月、高齢者虐待の疑いで堺市から立ち入り調査を受けたのを機に、拠点は東京・多摩地区に移った。

しかし記者が八王子のマンションに取材のため住んでいた今年（2012）8月、今度は東京都福祉保健局の監査を経て改善指導を受ける。A4判15ページに及ぶ指摘項目のうち、都が重視したのは「利用者に介護サービスの選択肢を与えていない」ことだ。同局幹部は「利用者に適切なケアプランを組まず、自社だけのサービスで介護保険の限度額近くまで使っていたので『囲い込み』と判断した。前例のない指摘だった」と言う。

多摩地区の3カ所のマンションに暮らす40人近い高齢者の中には、行政のケースワーカーが紹介した人も少なくない。豊島区の担当者は「問題のある業者とは知らなかったが、行き場のない人を野にさらすわけにはいかない。特別養護老人ホームに入るまでのつなぎでもいいから、私たちはとにかく住まいを探さなければならない」と釈明する。

社長（40）も取材にこう答えた。

「訪問介護事業者が介護で生計を立ててはいけないのか。役所に頼み込まれて受け入れてきたのに。身よりのない独居老人が生活保護や年金の範囲で生活できる場を提供している自負がある」

厚生労働省や都、多摩地区の自治体の担当者は「法の想定外のビジネスだが、違法とは言えない」と声をそろえる。しかし、囲い込まれた高齢者は入居者や地域との交流もなく、満足なリハビリも受けず、生きる意欲さえ奪われ老いていく。都福祉保健局の別の幹部は言った。

「自分の親なら、預けられない。でも社会資源として使わざるを得ない」

介護保険制度が導入されて12年。社会全体で高齢者を支えるはずの仕組みは、「必要悪」

ヘルパーの詰め所から食器を片付ける音が聞こえる。ほとんどの利用者はこのマンションで年を越す

とも言える介護事業者に頼るしかないところまで行き詰まっている。

　都の監査が一段落した秋以降、事業者に都内の自治体からこんな電話が入るようになった。

「監査が終わったようだが、どうしても受け入れてほしい人がいる。どうにかならないか」


　記者が心の中で「麦わらさん」と呼ぶ認知症の男性（65）が「鳥かごの家」に入居して5カ月が過ぎた。夏、麦わら帽子をかぶり、GPS（全地球測位システム）機能付き携帯電話を持たされて徘徊を繰り返した人だ。

年の瀬。麦わらさんを見かけなくなった。外出する気力も体力も衰えてしまったようだ。夕方、部屋を訪ねた。床に膝をつき、ベッドに体を預けて動かない。「大丈夫ですか」。寝息が聞こえた。その背中に布団をかけた。

（２０１２年12月30日朝刊）

「居場所はここだけ」――住人たちの年始

介護事業者が要介護になった人を集め、囲い込む東京都八王子市の賃貸マンションに記者が入居して半年が過ぎた。（２０１３年１月）23日、いつものようにヘルパーが高齢者の部屋を回るサンダルの音が響くだけで、笑い声は聞こえない。

ヘルパー退職「死にたい」

夜勤専従の男性ヘルパーが昨年（２０１２）末に退職した。脳梗塞《こうそく》で左半身まひの後遺症を抱えながら、望んだリハビリも受けられずにいる元会社経営のヒデオさん（66）はそ

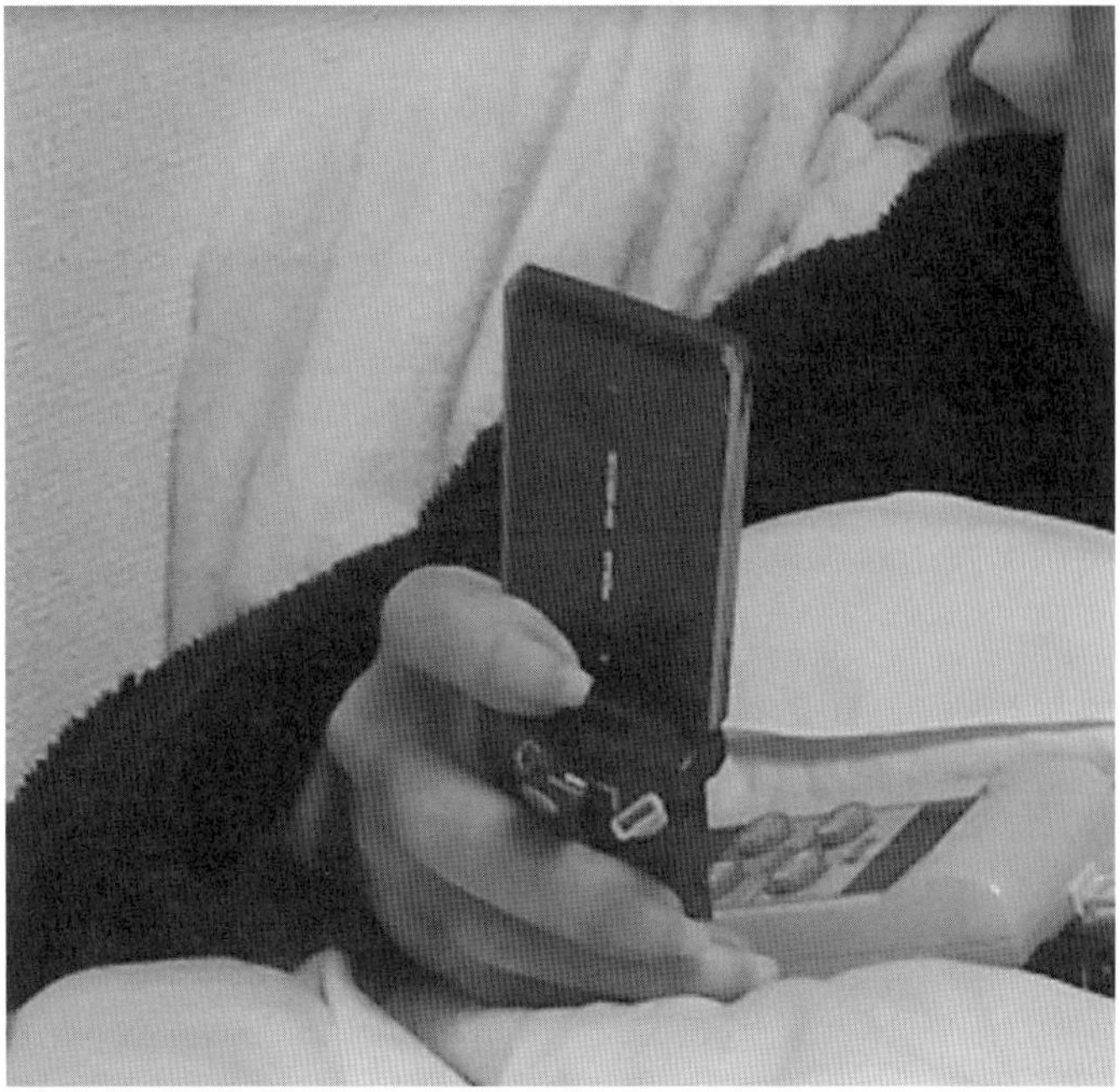

「あなたの番号もやっとの思いで登録したんです。困った時は電話しますね」。ヒデオさんは握力の衰えた手で携帯電話を取り出した

のヘルパーに心を許していた。

「もう死にたい」

ヒデオさんはそのころ、こう漏らし、ヘルパーに「そんなこと言ってはだめですよ」と諭された。

「これから誰を頼って生きていけばいいのか」

仕事は今日で最後と本人から聞かされた夜、涙が止まらず、朝まで泣き続けたという。ヒデオさんは記者に「顔を合わせても一言、三言交わすだけだったけれ

ど、それがうれしくてね」と言った。鳥かごの家に絶望しながらも、気の合うヘルパーが心の支えだった。

記憶に刻む古里での正月

ほとんどの利用者がこのマンションで年を越した中、昨年8月に入居した元すし職人のサブローさん（62）は年末年始を上の姉が暮らす故郷の岩手で過ごした。「あの部屋で1人では寂しかろう」と神奈川県に住む下の姉の夫が連れて行ったのだ。在来線と新幹線を乗り継ぎ片道4時間余。久しぶりの遠出がうれしかったのか、ずっと車窓の雪景色を眺めていたという。

脳梗塞で記憶障害が残る。記者が「岩手はどうでしたか」と尋ねると、「寒かったけれど、おいしい物を食べさせてもらったよ。何を食べたか覚えてないけどね」と笑顔になった。入居前にいたリハビリ病院で書き始めた闘病記が部屋にあった。

取材と断り見せてもらうと、マンションに戻った1月4日、記憶に刻むように岩手の姉やおいの名前と一緒に「ありがとうございます」と記していた。介護事業者は昨秋、サブローさんの様子を気にかけていた病院の担当者に「機能回復も兼ね、外部と交流する機会を作りたい」と話していたが、実現していない。

記者が心の中で「麦わらさん」と呼ぶ認知症の男性（65）はどうしているのか。夏に麦わら帽子をかぶり何度も外出するため、部屋のドアノブに徘徊《はいかい》を知らせる空き缶と風鈴を付けられた人だ。先月24日に連載が始まると取り外されたが、ほとんど寝るだけの生活を送るようになってしまった。入居した半年前、「ここに慣れるしかないんだよ」と話していた。1月21日、久しぶりに姿を見て「元気にしていましたか」と声をかけた。

「大丈夫ですよ。居場所はここしかないからね」

自分に言い聞かせているようだった。

最近、見かけない女性が3階にいることに気付いた。

「ここでの暮らしはどうですか」

「来たばかりで、まだ分からないね。70歳になったのよ」

この女性を含め、鳥かごの家にたどり着いた人は11人になった。


（2013年1月24日朝刊）

【反響特集】

長生き、喜べぬ現実

訪問介護事業者が行き場のない高齢者を集めた東京・八王子の賃貸マンションに記者が住み、事業者に囲い込まれた人たちの暮らしを連載した「老いてさまよう　鳥かごの家から」（2012年12月24日から7回）には、多数の反響が寄せられました。その一部を紹介するとともに、マンションで記者が何を考えたか報告します。

「富の不平等、いつまで」

「利益を追求するあまり介護事業者に都合のいいケアプランが組まれがちだ。多くの利用者が自由に介護保険を使えるようになることを祈っている」

高齢者を囲い込む住宅型有料老人ホームで働いた経験を持つ堺市のケアマネジャー、角田基一さん（38）は連載を読み、メールで意見を寄せた。ケアマネ事務所は系列の介護事業所に併設されるケースが多く、「ケアマネの独立性を確保するシステムが必要」と訴える。

角田さんは専門学校卒業後、介護老人保健施設などでヘルパーとして5年勤務したが、ひざを痛め、ケアマネに転身。住宅型有料老人ホームを運営する介護会社に就職した。

そこでは自社系列の介護サービスだけを使うケアプランを作成し、少ないヘルパーを効率的に稼働させることだけを考えていた。疑問を感じ「利用者のためのサービスを」と提案したが、経営者の理解は得られなかった。

利用者本位のケアプランを作ろうと昨年(2012)、自分で事務所を開設した。しかし、高齢者住宅や訪問介護事業者に属さない事務所の経営は難しく「食べていくのがやっと」と言う。角田さんは「ケアマネは介護保険制度の要。行政が公正で中立な事務所に利用者を優先的に紹介するなどし、独立したケアマネを支援しなければ囲い込みはなくならないだろう」と指摘する。

「ヘルパーさんはとても忙しく、話し相手になってくれない。(このままだと)ぼけてしまうと思います。これも一つの生き方でしょうか」

大阪府東部の高齢者専用のワンルームマンションで、訪問介護を受けながら生活する女性(78)は手紙にこうつづっていた。記者が部屋を訪ねると、女性は「連載のマンションより恵まれているかもしれない。でも、生きがいもなくここにいるのはつらい。死にたい」と言った。

入居したのは一昨年（２０１１）の秋。子供はなく、夫もきょうだいも亡くした。大阪市内で１人暮らしをしていたが、肺炎で倒れたのを機に要介護度１になり、唯一の肉親であるめいの強い勧めで入居したという。

足が少し悪いものの動けるため、週2回、近くのスーパーマーケットに日用雑貨を買いに行くのが楽しみだ。だがお金は、マンションを運営する介護事業者に管理され、使えるのは月５０００円。しかも、付き添いのヘルパーがレジで支払いをするため、欲しい物は買いづらい。

最近、介護度が2に上がり、ケアマネに理由を尋ねた。

「そのほうが何かと便利だから。介護度が上がれば役所からの援助が多くなる」

そう言われ、疑問を感じた。

入居者は約50人もいて、ヘルパーは食事の世話や服薬の介助、おむつの交換などで走り回っている。話し相手になってくれる余裕はない。孤独感は深まるばかりだ。女性は6畳一間の部屋で嘆いた。

「自宅はもう処分されていて、ここを出ても行くところがない。逃げることはできないのです」

「職を探している人が多いというのに、なぜヘルパーが足りないのでしょうか。待遇の改善が必要だと思う」

神奈川県座間市の女性（65）は毎日新聞に寄せた手紙で問題提起した。

女性は5年前に公務員を定年退職。「これからは好きなことに時間が使える」と第二の人生を楽しみにしていたが、2年前に夫（68）が脳梗塞《こうそく》で倒れた。右半身が不自由な夫を自宅で介護する一方、東京都内の実家で暮らしていた父（95）を自宅近くのグループホームに呼び寄せ面倒を見つつ、都内の病院に入院中の母（91）を見舞う。がんで治療中の弟（60）の容体も心配だ。「高齢まで両親が生きてくれることに喜びを感じる半面、自分の退職金を毎月の介護費用などに充てているため、将来の不安は大きい」と言う。

両親の介護を通じ、「庶民の手に届く有料老人ホームはこんなにも少ないのか」と思い知らされた。同時に、ヘルパーが次々と辞めていくのを目の当たりにして「ヘルパーは忙しすぎる。私たちが理想の介護を望む前に、ヘルパーの給料を上げるなど待遇を改善しなければ現場を支えてくれる人が誰もいなくなる」と感じた。

「介護に縁がない人にこの苦しさは分からないでしょう。しかし、いつか誰もが年を取る。富の不平等が老後まで続く現実を伝えてほしい」

女性はこう訴えた。


人ごとでない／ドアノブの空き缶に涙／高齢者も若者も生きやすく／現状、記事よりひどい

記事を読んで「老いた両親を最期までみとることができるか」と考え始めた。家族の介護負担を減らすために始まった介護保険だが、私の職場にも親が倒れたために正職員を辞め時給850円で働く男性や親のために退職する職員もいる。周囲にいる者が少しだけでいいから介護を必要としている人たちのことを考え、彼らに寄り添い助け合うことができたら、この国の将来は変わるかもしれないと思う。（大阪府、47歳女性）

訪問介護のヘルパーをしていた。連載が始まった時、どれだけの人が自分たちの税金の使われ方の話だと思っただろうか。また、数年後の自分たちの行く末だと考えただろうか。記事のような業者でも、その中で支えるヘルパーさんがいてくれる今は救われる。団塊世代の多くが介護を受け始めるのは、あと10～15年後だろう。「麦わらさん」のような認知症の方があふれ、行政の力でも治まらない時代は間もなくだと思う。まじめに取り組んでいる事業所はたくさんある。サービスを提供する方も受ける方も、本当に介護保険制度があってよかったと言える時代がくることを願っている。（埼玉県、51歳女性）

私は独身で今、両親と暮らしている。両親には蓄えはおろか、年金すらない。そんな両親を抱え、私の少ない収入で毎日生活していくのが精いっぱいだ。自分の老後のため貯金をする余裕などない。記事にあった業者のやり方は悪質なのかもしれない。だが、私は自分がそうなってしまった時に選択肢として存続してほしいと願ってしまう。（大阪府、43歳女性）

妻に先立たれ、子供は海外に住んでいる。今は一人で生活できているが、収入は年金だけ。記事を読んで人ごとではないと感じた。（神奈川県、小川恭平さん77歳）

私はうつ病になった後、生活保護を受けているので、記事に出てくる方たちの暮らしぶりは自分の10年後だと思う。連載1回目に書かれていたドアノブに空き缶がぶら下げられていた様子を読み、涙があふれた。（大阪府、55歳女性）

40歳から老人病棟の看護助手を始め、現在は認知症の方の在宅介護や介護相談員として施設を訪問している。記事を読み老人を金もうけの道具に使う人たちに怒りを感じた。同時に、施設が本来の役割を果たしていないと思う。例えば老人保健施設は、病院から家庭に帰すための中間施設なのに10年以上も入所されている方もいる。特別養護老人ホームでは、ヘルパーが着替えまで手伝うため、体力が落ち、歩行器を使っていた人が車いすの生活になってしまう。私はこの仕事を始めてから長生きしたくなくなった。（福岡県、川上泰子さん60歳）

ここ数年政府もマスコミも、増え続ける高齢者を邪魔者扱いし、まるで高齢者ばかり優遇されているかのように言っている。財政危機だから高齢者より若者にお金をかけるべきだと言うが、財政危機になったのは高齢者のせいだろうか。高齢者も生きやすく、子供や若者も生きやすい選択肢はないのだろうか。（広島県、51歳女性）

高齢者が急速に増加する中、分厚い福祉政策が続くとは到底思えない。記者は更なる負担を国に求めているのだろうか。それならば、どのようにその資金を調達するのか財政の将来像を示してほしい。はっきりした視点に立つべきだと思う。（静岡県、63歳男性）

高齢者を囲い込む業者がはびこる背景には、財政難を理由に施設の新設や増床を抑制してきた政策の誤りがある。私は特養を経営しているが、「これからは施設ではなく在宅介護」という国の方針は机上の空論と思う。官僚は老老介護など在宅介護の厳しさをどこまで理解しているのか。都市部と異なり地方では、ヘルパーが利用者宅に着くまで1時間かかることもある。「施設はいらない」というのは高齢者に「早く死ね」と言うに等しい。近年「高齢者に金を掛けるくらいなら、子供たちに」という風潮があるが、どちらも大切だ。高齢者の尊厳を尊重しない社会に将来はないと思う。（青森県、62歳男性）

私の職場はデイサービスで365日24時間を売りにしている。「自宅のように過ごしていただく」とうたっているが、内情は放置状態に等しい。ケアマネジャーも行き場のない人を回してくるので、介護度の高い方や他の施設を出された方の利用が多く、スタッフは労働基準法に抵触する勤務をこなしている。スタッフは定着せず、ケアの質は低下する。利用者の家族も不信感を抱きながらも預けるしか手段がないのだと思う。(大阪府、40代女性)

主婦になる前は病院の看護師だった。現状は記事よりはるかにひどい。大きな原因は人手不足。本当に介護、介助は重労働だ。給料の割にあまりにも重い働きを強いられる。確かに看護師の給料は独身女性が得るには十分な額だが、休む暇は全くない。記事の業者だけが悪いわけではない。もっと給料形態を変えてくれれば人手不足は解消できる。そのためには経済が発展すればと思っている。(福岡県、20代後半の女性)

住み込み取材を続けて――山田泰蔵

脆弱な介護制度、見直すとき

取材は「施設から在宅へ」と国が掲げる政策への疑問から始まった。「在宅」とはいっても住み慣れた我が家ではなく、高齢者向けマンションだ。膨らみ続ける介護市場を狙い、各地で次々と建てられているが、無届けや介護の内容が不透明なものも数多くあった。取材を進めるうちに、東京・八王子の賃貸マンションで「高齢者を囲い込んでいる。虐待されているかもしれない」と耳にした。

外観はよくあるワンルームマンション。学生や会社員らも多く住んでいた。2階に上がると看板もない一室にヘルパーが待機し、中廊下には利用者の呼び出しコールが鳴り響いていた。まるで「施設」だ。一日中マンションの前に立ち様子をうかがったが、何も分からない。そんな中、ヘルパーの詰め所と同じ2階に空き部屋があるのを知り、飛び込むしかないと思った。

まず目にしたのは懸命に働くヘルパーの姿だった。特に夜勤の負担は重い。午後6時前に出勤し、ようやく一息つけるのは深夜2時ごろ。ほとんど仮眠も取れないまま、朝食の準備を始める。事業者は高齢者を囲い込み、介護保険報酬を限度額まで使い切ることで利益を上げていたが、それを支えていたのはヘルパーの過重労働だった。

住み込み取材を始めて1カ月、暴力を振るうような虐待はないと感じたが、新たな疑問が生まれた。

真夏のことだ。近所を流れる川の遊歩道に、別の介護業者のヘルパーに車いすを押して

マンションの見取り図

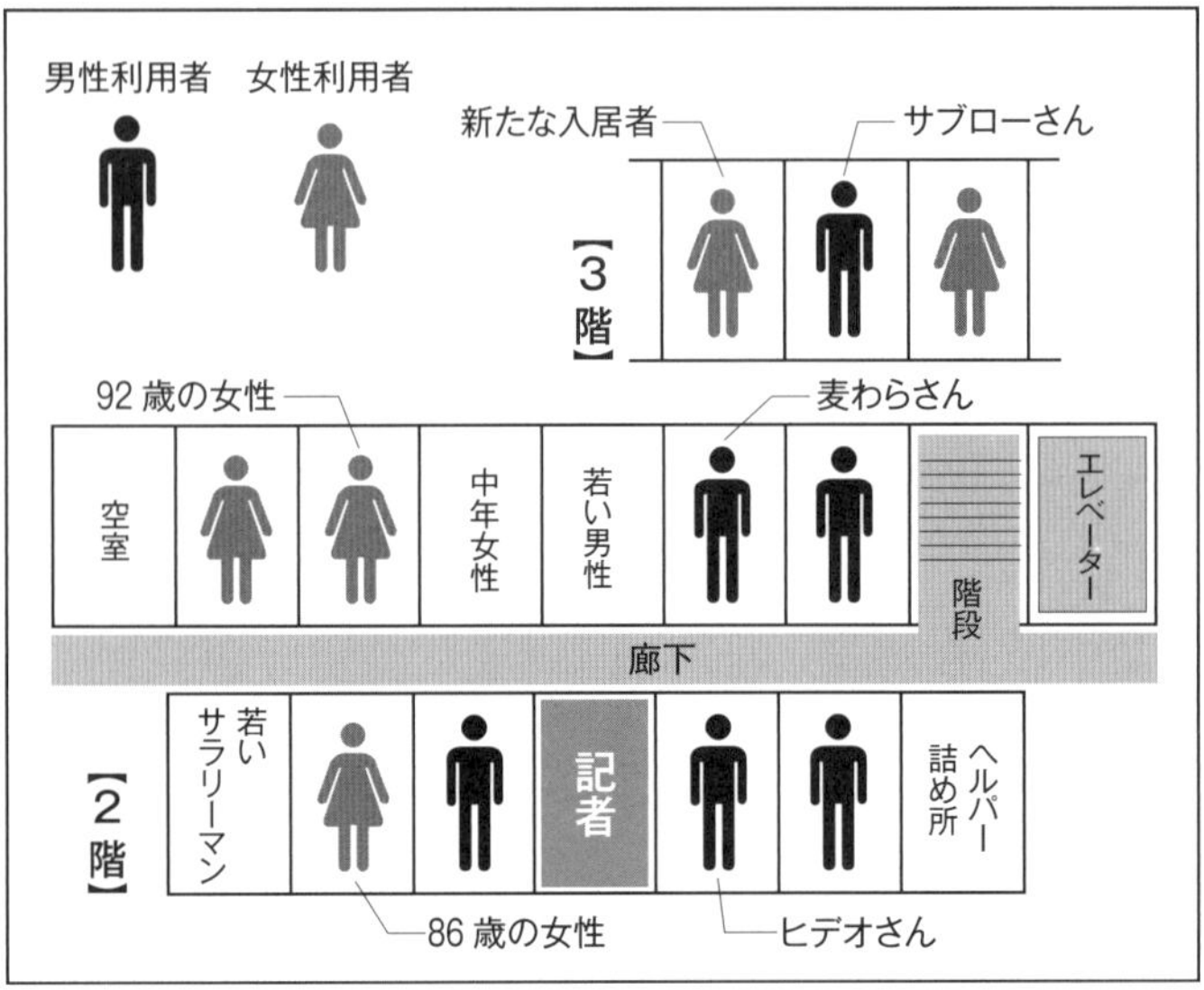

もらう高齢者がいた。木陰で一休みして談笑している。しかし、マンションに目を移すと、互いに交流もなく、笑い声も聞こえない。利用者がどこから来て何を思っているのかを知りたくて、同僚記者と手分けして部屋を訪ねた。

秋。時折、ドアから顔をのぞかせる女性（80）に記者の部屋にあったみかんを一つすすめると、「初物だわね」と顔をほころばせた。「でも糖尿病だから一粒だけいただくわ」と、おいしそうに口に含んだ。こんな小さな喜びを日々どれほど感じているのだろうか。しばらくして顔が曇った。

「廊下に手すりがあれば、部屋を出て歩けるのに」

当たり前の望みさえ、ここでは簡単にはかなわない。

「あなたの家はもうないの。ここに住むしかないの」とヘルパーに諭されていた認知症の女性（92）はほとんど訪れる人もなく、「島流しのようなものよ」と言った。1時間ほどの取材中、ずっと私の手を握っていた。「家はどこにあったのですか」と聞いても、覚えていない。ただ、思い出話の中に「多摩川」「川沿いの古い平屋」という手がかりがあった。住宅地図で女性の名字を探し歩いた。50年以上前に建てられた古い家だった。夫から相続したが、もうここに戻ることはないのだろう。吹き抜ける木枯らしが身にしみる土手に立ち、女性が「風が吹けば飛ぶような小屋だけど、わたしには家があるの」と言っていたことを思い出した。

連載にたくさんのご意見や感想を頂いた。「こんなひどい施設があるのか」といった声もあった。だが、この事業者だけの問題ではない。こうした事業者に頼らざるを得ない日本の介護の脆弱《ぜいじゃく》さに問題は潜んでいる。これを「必要悪」で済ましていいのか。国や自治体は見て見ぬふりをせず、まず実態調査から始めるべきだ。

大みそか。いつものようにヘルパーが廊下を駆け回っていた。利用者11人のうち親族と過ごしたのは1人だけのようだった。廊下に出てみると、ほとんどの部屋から紅白歌合戦の音が漏れ聞こえ、やがてやんだ。心安らぐ年越しであってほしいと願った。

（2013年1月24日朝刊）

ある老健より

老健、みとりの場に

神奈川の認知症「駆け込み寺」

認知症になって行き場をなくした人は少なくない。ようやくたどり着く場所に介護老人保健施設（老健）がある。だが、本来は在宅復帰を目的とする施設で、ついの住み家ではない。老健でいま何が起きているのか。

介護老人保健施設「なのはな苑」（神奈川県三浦市）は相模湾の向こうに富士山を望む三浦半島にある。数少ない認知症専門の施設だ。冷たい海風が吹きつける（2013年）2月20日夜、石井友子さん（94）の臨終を医師から告げられた長男了輔さん（69）は母の髪をなでながら傍らの記者に語りかけた。

「ここで最期の大切な時間を過ごせて幸せでした」

東京・目黒の自宅マンションで1人暮らしをしていた友子さんは3年前の夏に入所した。目黒区内の特別養護老人ホーム（特養）の待機順は960番台。他の施設では認知症だと敬遠されがちだ。了輔さんがすがるような思いで飛び込んだのが、認知症患者の家族から

「駆け込み寺」と呼ばれるこの老健だった。

在宅復帰果たせず——年10人超、他界

介護保険法上、老健は病院を退院した高齢者が機能訓練を経て自宅に戻るまでの施設。だが平均在所日数は2000年の185日から10年には329日に増え、在宅復帰率も23・8％にとどまる。国は社会保障費を抑制するため在宅復帰を促そうと昨年度、復帰率50％以上などの厳しい要件をクリアした施設の報酬を引き上げた。なのはな苑もその一つだ。

一方、入所者約100人の中で最期を迎えるのは1995年の開所当時、ごくわずかだったが近年は年間10人を超える。在宅復帰を進めつつ、足りない特養に代わってみとりの場にもなっているのだ。現状を追認するように国が08年、みとった施設の報酬を加算する制度を設けたのは苦肉の策だった。だが入所自体狭き門だ。月に申し込みがある30～40人のうち空きがあって入れるのは4人ほど。運良く入れてもここでみとられるとは限らない。

「あーうまかった」

友子さんが亡くなった日、夕食のさばの塩焼きを平らげた青山文子さん（84）が大きな

歩行器を使い歩き回る青山文子さん。大きな声がフロアに響いていた

声を上げた。横須賀市で長男（55）一家と同居し、共働きの夫婦に代わり孫2人を育てた。2年前に認知症を患い、寝たきりになった。昨年（2012）10月に入所、歩行器を使って歩けるまで回復した。

なのはな苑は長くても半年で退所しなければならない。とはいえ国の基準で要介護度に応じ一定期間在宅介護すれば再び入所できる。要介護3の文子さんなら1カ月だ。友子さんも家族が介護しやすいホテルを無理して借り、再入所を繰り返した。しかし文子さんの家族は全員が働き、介護はできない。長男はグループホームに移そうとしたが「大声を出したり動き回ったりして他の人の迷惑になる」と断られた。

「母が回復したことで逆に受け入れ先がなくなってしまった」

ここでの生活が特例でひと月延長された。超高齢社会ではみとりの場を見つけることさえ難しくなっていく。（2013年）3月17日、退所期限が翌日に迫っていた。

選別され、出ては戻り

神奈川県・三浦半島のキャベツ畑の中に建つ認知症専門の介護老人保健施設「なのはな苑」。石井友子さん（94）が息を引き取り、看護師やヘルパーが慌ただしく動き回る2月20日夜、同じフロアに男性の寝言が響いていた。

「そうですか。そうですか」

前日に88歳の誕生日を迎えたスズキさんだ。

自宅近くの老健を希望していたが満床だったため2年前の6月、車で約40分かかるなのはな苑に入所した。約1年後、空きが出たその老健に移ったのが誤算だった。

　近所の老健は退所する人の割合が5%。介護業界では「終生型老健」と言われる。国はなのはな苑のように在宅復帰に力を入れる施設の報酬を増やす一方で、終生型老健には減額しているため、最低限の人員配置で経費を抑え、経営を維持する施設が少なくない。

　家族が近所の老健を望んだのは、同じグループが運営する特別養護老人ホームが併設されているからだ。目の前にはスズキさんが大好きだった湘南の海が広がる。いつか訪れるみとりの場になるはずだった。

　だが、入所後1週間で問題を起こす。職員が使うパソコンのコードをコンセントから抜いて回ったのだ。「困ってしまいましたよ」という施設からの連絡に、家族はいたたまれなくなった。徘徊《はいかい》を防ぐため、夜間は部屋のドアがソファでふさがれた。家族は異様に感じた。長男（61）は「特養につながるルートと期待していたのですが、父の居場所にはならなかった」と振り返る。わずか1カ月でなのはな苑に戻ってきた。

　記者はその老健を訪ねた。4階建ての施設で約70人が暮らしていた。認知症の人が大半だったが、徘徊する人は見かけない。理由を尋ねると、施設の幹部は「スタッフが限られているので、徘徊する人が多いと困りますから」と言った。手の掛かる人は選別され、さ

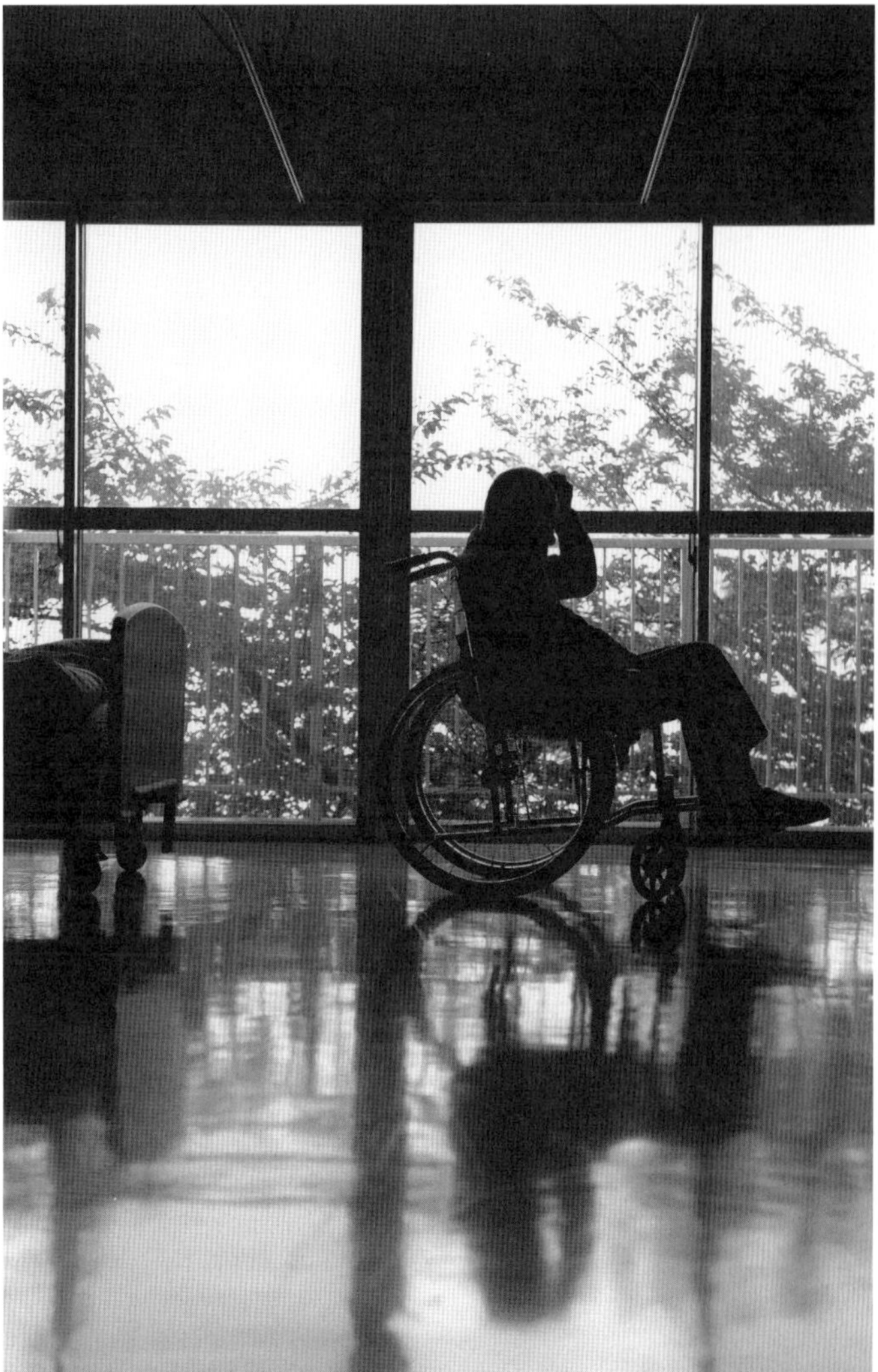

自室でたたずむスズキさん。ついのすみかはどこになるのか

まようことになる。

地元の神社の大祭で、氏子総代のスズキさんが毎日新聞の取材に語った17年前の記事がある。

「正しい形で祭りを後世に伝えたい」

その話をした時のことだ。普段は会話もままならないのに笑みがこぼれた。

「やった、やった。総代やった」

昨年から車いす生活になった。徘徊することもなくなったからなのか。今年1月、以前入所した老健に併設された特養から封書が届き、こう書かれていた。

「1年以内に入所できる可能性が高い」


3月18日。自宅での介護が難しく、退所を延ばしてもらっていた青山文子さん(84)に期限の日が来た。家族が希望した有料老人ホームからは、もう少し待ってほしいと言われている。なのはな苑はやむなく入所をさらに延長した。ここならひと月の費用が食事代を含め約12万円。有料ホームは約18万円かかる。家族の負担は重い。

ホームへの入居に必要な健康診断を受けるため、長男(55)がなのはな苑から病院に連れて行こうとした時だった。母は生まれ育った東北のなまりで言った。
「おら、どごにもいがねえ」

（２０１３年４月３日朝刊）

＊介護老人保健施設

治療が不要でも長期に及ぶ「社会的入院」で膨大化した医療費を削減するため、88年に制度化された老人保健施設が原形。00年に介護保険制度が始まり、現在の名称に変更された。介護費用の1割は本人負担で残りは保険料と公費で賄われるが、食費と部屋代は利用者負担。常勤医や看護師、作業療法士などの配置義務がある。対象は要介護の65歳以上が原則。全国に約３７００施設（約33万床）あり、約7割を医療法人が経営する。

安息つかの間――７カ所目、１カ月で逝く

認知症の妻、がんの夫が支え

6カ所の施設やデイサービスをさまよい、神奈川県・三浦半島にある認知症専門の介護

老人保健施設「なのはな苑」にたどり着いた女性。安堵《あんど》の日は続かず、長期入所後1カ月の昨年（2012）12月、68歳で亡くなった。

「マーちゃん」「ハーちゃん」。夫婦はそう呼び合った。元会社員の夫（75）は27年前に前妻を亡くし、53歳の時、知人の紹介で「ハーちゃん」と知り合った。妻の異変に気づいたのは10年ほど前。気になる行動が増えたころから、日々の変化を記し始めた。

〈06年8月28日　表参道ヒルズ　地下レストランでトイレから戻れない〉

ハーちゃんから快活さが消えた。覚悟はしていたが、07年8月に若年性認知症と診断された。それでも2人は思い出を刻むように、車に寝泊まりしながら旅行を続ける。妻に日本中の海岸線を見せてあげたかった。

〈07年12月15日　結婚記念日を自分から言ってくれる〉

〈08年3月23日　今日は山を歩いた。二人で過ごそうね〉

自宅での介護に疲れながらも希望を見いだそうと前向きだったが、先行きに不安を感じていた。

〈私に何かあり、入院したら即刻、妻の生活は成り立たない〉

こう記した半年後の10年1月、不安は当たってしまう。ステージ4の胃がんが見つかっ

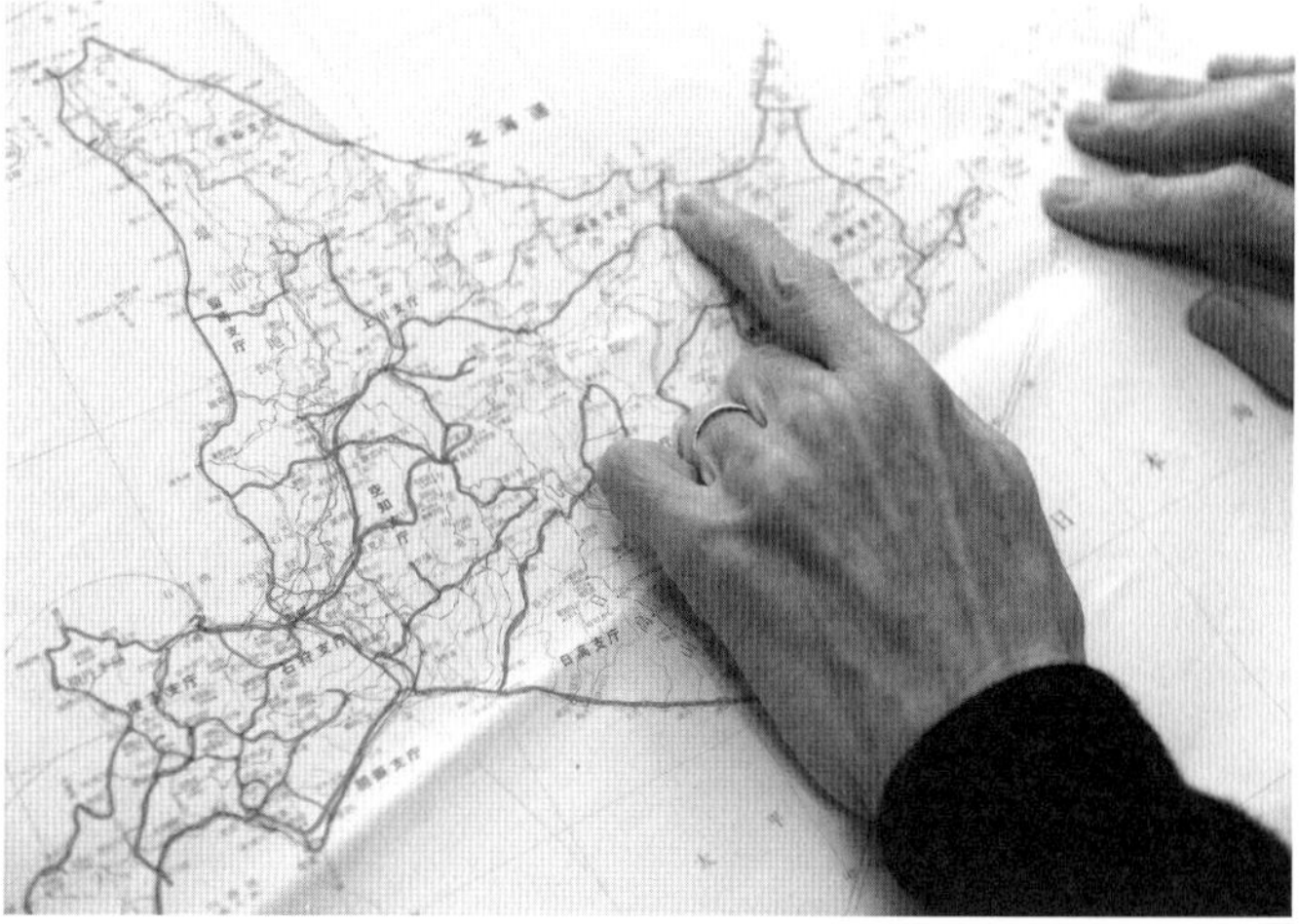

夫婦で旅した道を指でたどるマーちゃん。ハーちゃんとの思い出がよみがえる

たのだ。妻をどこに託せばいいのか。認知症でも体はよく動くため、要介護度は2。最初にショートステイを申し込んだ特別養護老人ホームは「介護度5の重い人が順番待ちをしているのに」とにべもない。

ようやく利用できた地元鎌倉の特養に迎えに行った時のこと。認知症ではない女性2人が妻を指さし、「嫌なのがいるわね」と話しているのを聞いてしまった。いたたまれなくなり、別の特養に移したが、人の車いすを勝手に押したり、突き飛ばしたりしてしまう。「みなさんがおびえている」と施設から聞かされ、次を探さざるを得なかった。

症状は進む。介護記録の〈夕食〉の欄で妻が作る魚の煮付けは〈問題なし〉から〈なんとか出来る〉へ。そして〈出来ない〉になる。妻は寝る前に「何もできなくて。迷惑かけてごめん」と涙を流した。

国は09年4月、若年性認知症患者を受け入れた老健の報酬を加算する改定を行った。しかし、増額は入所1日につき1200円程度。介護スタッフを増員するにはとても足りない。

〈私を夫と思っているのは1日の5％くらいか〉

〈私自身が壊れそうになっている〉

途方に暮れていた時、担当のケアマネジャーから紹介されたのが、なのはな苑だった。

妻の暴力はなくなり、穏やかな顔になった。

別れは突然訪れた。腹膜炎で亡くなる少し前、いつものように「ハーちゃん」と妻に声をかけた。夫だとわかってくれたのか。「はーい」と返事をした。

「マーちゃん」。妻のいない部屋にいると、今もそう呼ぶ声が聞こえる気がする。

敬遠される男性

（2013年）2月21日午前1時、神奈川県鎌倉市の民家に明かりがともった。三浦半島の介護老人保健施設（老健）「なのはな苑」から一時帰宅中の岩壁貞良さん（72）方を男性ヘルパーが訪ね、おむつの交換を始める。床ずれを清潔に保つには、深夜と明け方の2回は欠かせない。150センチに満たない妻文子さん（72）が172センチ、74キロの体の向きを変えるのは大変で、ヘルパーの助けが必要だ。

多くの老健で利用者の入所が長期化する中、貞良さんが7年前に入所したなのはな苑は国の方針に従い、家庭への復帰を進めている。その結果、他の老健に比べ介護保険から多くの報酬を得られ、認知症の介護に人手をかけたり、ベッドに新たな利用者を受け入れたりできる。

一方、ここを利用し続けるには、3カ月〜半年に1度は一定期間自宅で介護し、再入所の手続きをしなければならない。文子さんは日中をデイサービス、深夜と早朝は訪問介護を使ってしのぐ。

「睡眠2時間が2日も続くと体がつらくて。ずっと施設で預かってくれたらと思うこともあります」

夫が認知症の一つのピック病を発症したのは航空機メーカーを定年退職した後の62歳のころだ。スーパーでビールやまんじゅうを勝手に持ち帰ろうとする。大みそか、店内を徘《はい》徊《かい》する夫の後を閉店までついて回ったこともあった。流れてきた蛍の光を聞きながら「わたしはいま何でここにいるんだろう」と悲しくなった。

介護施設探しにも苦労した。ショートステイを申し込んだ特別養護老人ホームには「会議の結果、受け入れられなくなった」と理由も告げられずに断られ、別の老健からは「責任を負えない」と門前払いされた。貞良さんを担当するケアマネジャーは「男性の場合は難しかった」と話す。

なぜ男性は敬遠されるのか。同県横須賀市にある公立病院のソーシャルワーカーは「男性の比率を抑えているところが多い。1割程度の施設もある」と明かす。体の小さい女性よりおむつ替えの負担が重く、車いすに乗せる際の事故も起きやすいうえ、腕力が強いと認知症ゆえの暴力の心配もある。男性でも160センチ、50キロ以下の小柄な人は好まれ

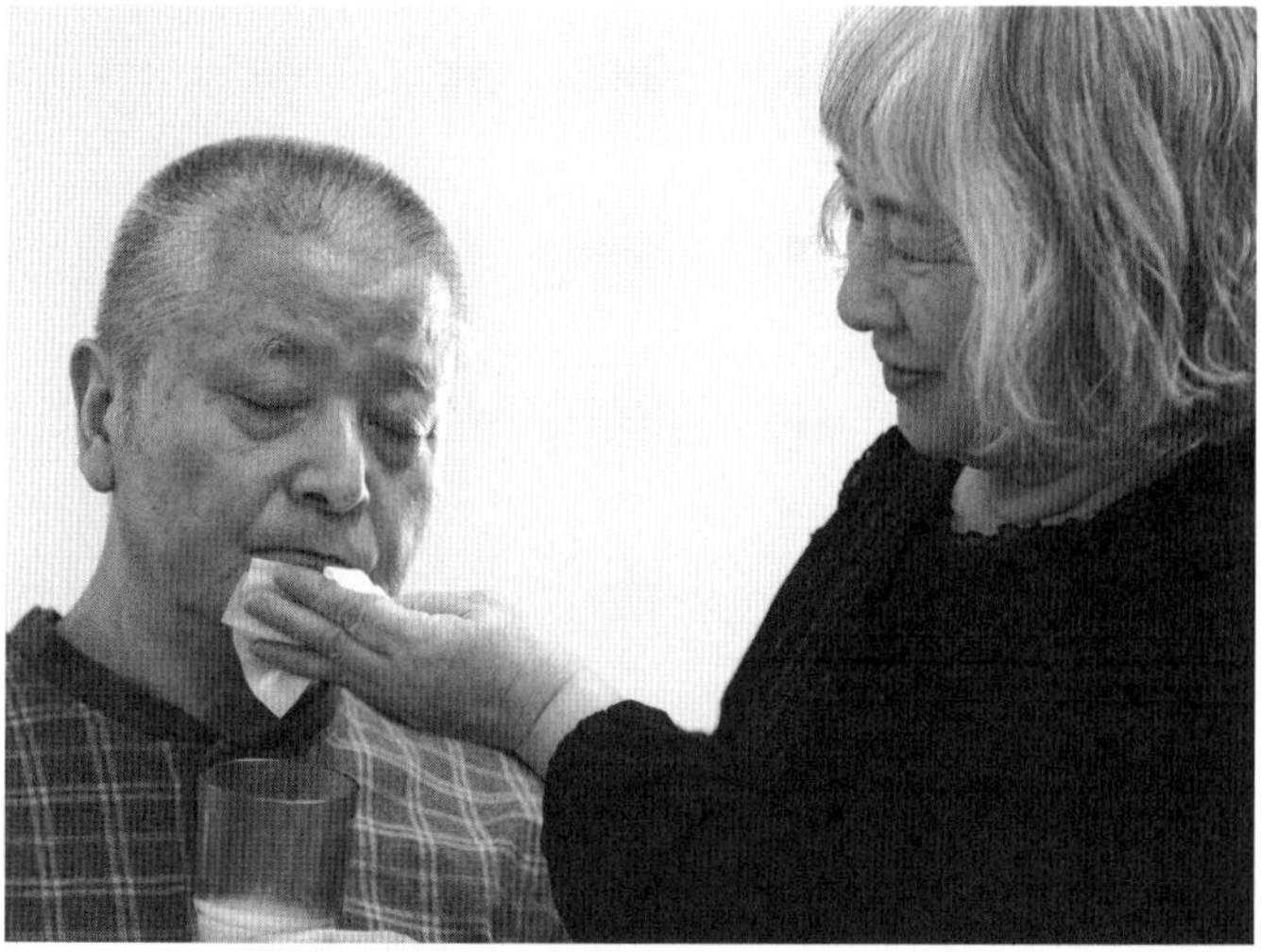

面会に訪れた岩壁文子さんは、お菓子を食べた夫・貞良さん（左）の口元を優しくぬぐった

る。100キロ超の女性も70キロ台まで減量させ、老健に受け入れてもらったことがあったという。

「急で申し訳ありません」

今年1月、なのはな苑に父親（90）の入所を希望する男性が来た。父親を自宅で介護してきた母親が年末に入院し、途方に暮れていた。だが、相談員は「今、男性はいっぱいです」と答えるしかなかった。入所者約100人のうち男性は25人程度。これ以上の受け入れは厳しい。

なのはな苑に戻った貞良さんは、面会に訪れた文子さんに両手を引いてもらいながら廊下を歩いていた。文子さんが童謡を口ずさむと、「おてて……つないで」

と合わせた。

「介護はいつまで続くか分からないけれど、一日でも長く生きてほしい」

文子さんが夫の手を小さな手で包みこんだ。

（2013年4月4日朝刊）

＊ピック病
認知症の一種で脳の前頭葉と側頭葉が縮む。40代から50代が発症のピークとされる。アルツハイマー病とは異なり、性格が変わり、衝動のまま行動するようになる。万引きなどの反社会的行為をしても罪の意識がなかったり、同じ行為を何度も繰り返す「常同行動」も特徴の一つ。

身体拘束の痛み

「やあ元気かい？」

「元気だよ」

（2013年）2月初め、神奈川県・三浦半島にある認知症専門の介護老人保健施設「なのはな苑」で、タカさん（65）が廊下を歩き回りながら他の入所者に声を掛けていた。ほおに赤みが差し、体調は良さそうだ。

精神科病院に入院した後、なのはな苑にたどり着いた。長男（32）は入院中の父がやせ細り、うつろな目で「ここから出してくれ」と叫んだ声が耳から離れない。

昨年（2012）1月、タカさんは散歩中道に迷い、派出所に保護された。異変を感じた親族が地元の横須賀市にある地域包括支援センターに連絡。職員に連れられ受診した同市の精神科病院「久里浜医療センター」で認知症と診断された。暴力を振るわれるようになっていた妻（63）は涙を流し病院に助けを求めた。

「入院するとご主人の体は悪化しますよ」

診察した松井敏史医師は考え直すよう促した。久里浜医療センターは県の指定を受ける認知症診療の中核施設だが、専門病棟はなく、他の精神疾患の患者と同じ病棟で受け入れるしかない。介護スタッフもおらず、夜間は看護師2人で約40人を担当するため、薬物で安静に保つ方法に頼らざるを得ないからだ。それでも妻の意志は固かった。疲労は限界にきていた。

入院生活は家族の想像を超えていた。転倒事故を防止するため、病院は家族の同意を得

長男（右）に付き添われ散歩に出かけたタカさん。桜並木を抜けると大好きな海が広がった

て全身を拘束するベルトを着けた。

「俺は何か悪いことしたのか」

抵抗する父に長男は「こうするしかないんだよ」と言うほかなかった。

薬物治療のせいで表情が消え、体重は10キロ以上減った。熊本の高校を出て鉄道会社に就職し、駅員一筋で定年まで勤め上げた父の誇りはみじんも見られない。いたたまれなくなった家族は入院から2カ月余りたった昨年4月、退院させた。

厚生労働省の調査では、認知症で精神科病院に入院している患者は5万人を超え、1年以上入院する人が半数を占める。介護に疲れた家族や、受け入れ先に困ったケアマネジャーが精神科病院に頼る事情もある。

久里浜医療センターの松井医師は取材に「入院は家族の負担軽減になったが、本人にはよくなかった」と打ち明ける。

「なるべく薬を使わず、身体拘束しないで手厚く介護ができる施設を提供したいが、なかなかない」

センターには年間約50人の認知症患者が入院する。

タカさんが昨年4月、なのはな苑に入所した日の夜のことを看護師はよく覚えている。

落ち着かない様子に気付き「おなかすいているの?」と声をかけた。本人は認知症の影響でうまく思いを伝えられない。おにぎりを作って手渡すと床にひざまずき、こう応えた。

「分かってくれてありがとう」

どれだけつらい思いをしてきたのか。看護師は胸を締め付けられた。身体拘束を解かれ、薬を減らすと徐々に回復した。

2月末。1カ月ぶりに自宅に戻った。迎えに行ったのは長男一人。妻はまだ心の傷が癒えていない。それでも、夕飯を作り、玄関で迎えた。

「おかえりなさい、お父さん」

(2013年4月5日朝刊)

家で食事、妻が笑う

「たえちゃん、迎えに来たよ」

(2013年)3月28日、神奈川県・三浦半島にある認知症専門の介護老人保健施設「なの

夫の雅之さんが迎えに来ると、多恵子さんはうれしさのあまり泣きだした。雅之さんがその涙をぬぐった

はな苑」の広間に雅之さん（61）が顔を見せると、妻多恵子さん（60）の目が潤み始めた。涙がこぼれ肩が震える。

この日は2泊3日のショートステイを終え、自宅に戻る日だ。車いすに乗せると、夫の手を握りしめた。

雅之さんは一昨年に大手自動車メーカーを定年退職するまで海外の単身赴任が長く、子育ては妻に任せっぱなしだった。3年前の1月、異変に気づく。旅行先で、温泉好きの妻が風呂に行こうとしない。帰宅後、タンスから大量の小銭が見つかった。買い物の計算ができず、お札で勘定していたようだ。若年性の認知症だった。

「お父さんは私の面倒をちゃんと見ないとい

けないよ」

「当たり前だ。他に誰が見るんだ」

できるだけ自宅で介護しようと訪問介護やデイサービスでしのいだ。しかしあまりに負担が重く、月に2泊だけなのはな苑に頼ることにした。夜1人で酒を飲み、ゆっくりしたつもりでもむなしくなる。ベランダから施設の方向を見ながら「たえちゃんは今ごろ何をしているんだろうか」と考えてしまう。

雅之さんも会員の「若年性認知症の人と家族の会準備会」（横須賀市）の世話人、岸正晴さん（65）は、懸命に在宅介護を続ける家族を見てきた。

「みんな薄氷を踏む思いで精いっぱいやっているのです」

自営業の男性は取引先との急な打ち合わせが入ると、玄関に鍵をかけ妻を残して出かけるほかない。岸さんは「せめて緊急な場合に預かってくれるショートステイが必要だが、対応できる施設が少なすぎる」と指摘する。緊急時のためベッドを空けておくと、その分施設の経営に響く。

国は2012年に305万人いる認知症高齢者が17年には373万人に増えると推計し、4月から「認知症施策推進5カ年計画（オレンジプラン）」をスタートさせた。柱の一つが「住み慣れた地域で暮らし続けるための介護サービスの整備」だ。「施設から在宅へ」の流れを加速させようとするオレンジプランはどこまで家族を支えられるのか。岸さんの危機感は強い。

春の昼下がり。横須賀市のマンションで、雅之さんが手作りのカレーをスプーンで妻の口に運んだ。

「私のことを誰だか分からなくて、変なおじさんと呼ぶこともあるんです」

妻の様子を撮影したDVDがある。記者も見せてもらった。夫の言葉がテロップで流れる。

〈寝起きは少し不機嫌です〉

〈(妻は食事が終わると)最後に笑うんですね〉

次第に症状は進み、いつ寝たきりになるか分からない。それでも子供のようになっていく妻が可愛く思える。

(2013年4月6日朝刊)

閉鎖病棟から

自由奪う抑制帯

精神科出られぬ認知症

精神科病院に入院する認知症の高齢者が増えている。激しい精神症状が治まればすぐに退院できるはずだが、ほかに行き場がなく長期入院を続ける患者も多い。何が起きているのか。神奈川県のある閉鎖病棟に密着した。

鍵のかかった分厚い鉄の扉が開いた。福井記念病院（神奈川県三浦市）の認知症専門病棟に初めて入ったのは（2013年）4月中旬だった。1992年に開設され、幻覚や妄想、暴力が目立つ人たちが症状を抑える治療を受ける。回廊式の廊下を進むと、ナース室から見渡せるホールに50人ほどのお年寄りが集まっていた。ナース室の近くは、入院直後や症状の激しい人が多い。最も離れた静かなテーブルから車いすの女性が記者を見つめている。

隣に座ると東北なまりのか細い声で語り始めた。

「（福島の）相馬の生まれでね」

83歳、身長142センチ。

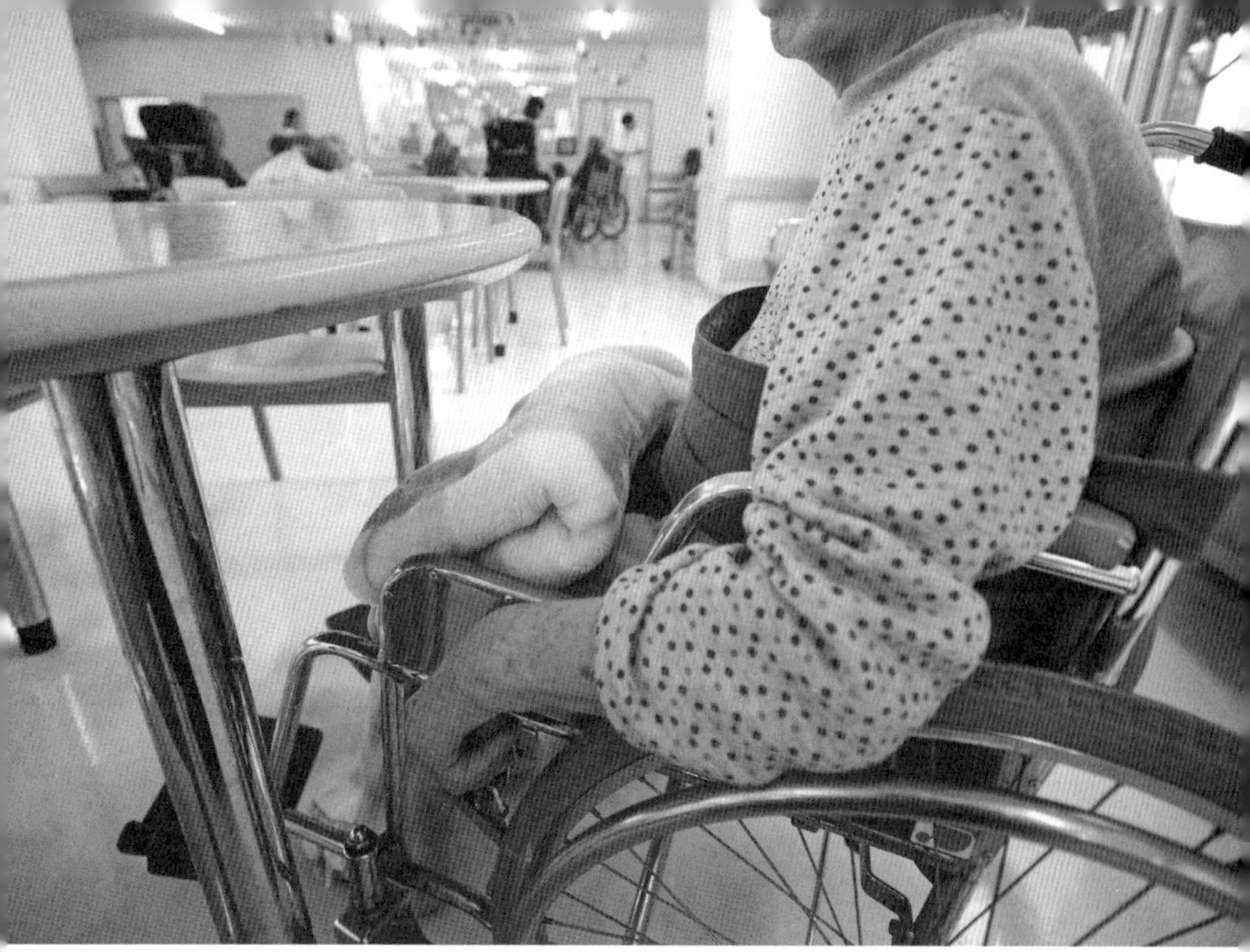

「抑制帯」で車いすに腰回りを固定されているチャコさん。「亡くなった母が夢に出てきて、元気出せよって言ってくれた」

「ちゃっこい（小柄なこと）からチャコって呼ばれたのよ」

入院は1年半に及ぶという。話し相手欲しさからだろうか、それからは記者を見かけると控えめにそっと手を挙げるようになった。

チャコさんは深緑色をしたT字形の「抑制帯」で腰回りを車いすに固定されている。介護施設では認められないが、ここでは転んで骨折してから、再び転倒しないようにという理由でつけられている。日中は食事も含めてその格好で過ごす。

「足も弱ってもう歩けないのよ」

立ち上がる気力も衰え、ほとんど笑

顔はない。患者の半数は同じように抑制帯をつけられ、自分では外せない。

チャコさんがひどく混乱したり、暴れたりする様子は見られない。なぜここにいるのか記者は分からなくなった。看護師も「もう治療は必要ないと思う。寂しがり屋なので介護施設の方が合っている」と言う。症状が治まったのに退院できないチャコさんのような人は、病棟の3分の1に上っていた。

「耐えることに幸《さち》がある。そう思うと少し楽になるのね」

チャコさんは祖母が教えてくれた言葉を何度もかみしめる。4月末、仲の良かった女性が退院することになり、「息子が迎えに来る」と喜ぶ姿を見送った。

「私は永遠にここにいると思う。ここまできたらおしまい」

存在ごと消えてしまいそうな声だった。

チャコさんにも息子がいる。記者はある日、元気かどうか見てきてほしいと頼まれた。

「あんなに優しい子が1カ月も来ない。体を悪くしたんじゃないかと思うと夜も眠れないの」

記者のノートに震える字で長男への手紙を書いた。

「連絡を下さい」

実際は昨年（2012）末から面会がない。チャコさんの薄らいだ記憶をもとに家を探した。

残る家族も癒えぬ傷

理事長「院内、世間からずれ」

福井記念病院の閉鎖病棟に入院するチャコさん（83）に頼まれ、記者は面会が途絶えていた長男を捜した。5月下旬、病院から電車とバスで1時間ほどの住宅街で、長男夫婦と暮らしていた一戸建てを見つけた。長男は57歳の会社員。母からの手紙を受け取ると「会いに行きたいのですが……」と戸惑った顔をした。

8年前に父親を亡くし、その翌年、母親のチャコさんが認知症を発症する。入院までの5年間、夫婦で介護を続けたが、コンロに火をつけて忘れることを繰り返した。被害妄想も強くなり「家族にいじめられた」と親戚や警察に昼夜を問わず電話した。激しい症状の標的になった妻は体調を崩し、自身も糖尿病の治療で毎週末、遠方の病院に通っている。

半年ほど前に申し込んだ特別養護老人ホームは100人待ち。妻はまだ心の傷が癒えないものの、義母のために新しい服や下着を買いそろえた。だが、病院に足が向かないまま半年が過ぎた。

長男に手紙を届けたと伝えると、チャコさんは「元気にしてたの? 本当に良かった」と目を潤ませた。面会が途切れても長男を悪く言うのを聞いたことがない。福島から上京して24歳で結婚し、保険外交員として2男を育て上げた。

「あの家はね、私の退職金も出して建てたのよ」

家族に尽くした誇りがにじむ。

6月のある日、夕食を終えると車いすを手でこぎ始めた。数センチずつしか進めず、何とか自分の病室にたどり着くと繰り返し声を上げた。

「すみません。トイレお願いします」

だが、服薬などで忙しい職員には届かない。日中は50人ほどの患者を約15人が目配りするが、夕食後の夜勤は3人しかいない。ようやく気づいた職員は「今忙しいから。オムツしてあるから大丈夫」と言う。チャコさんはあきらめ、黙り込んだ。

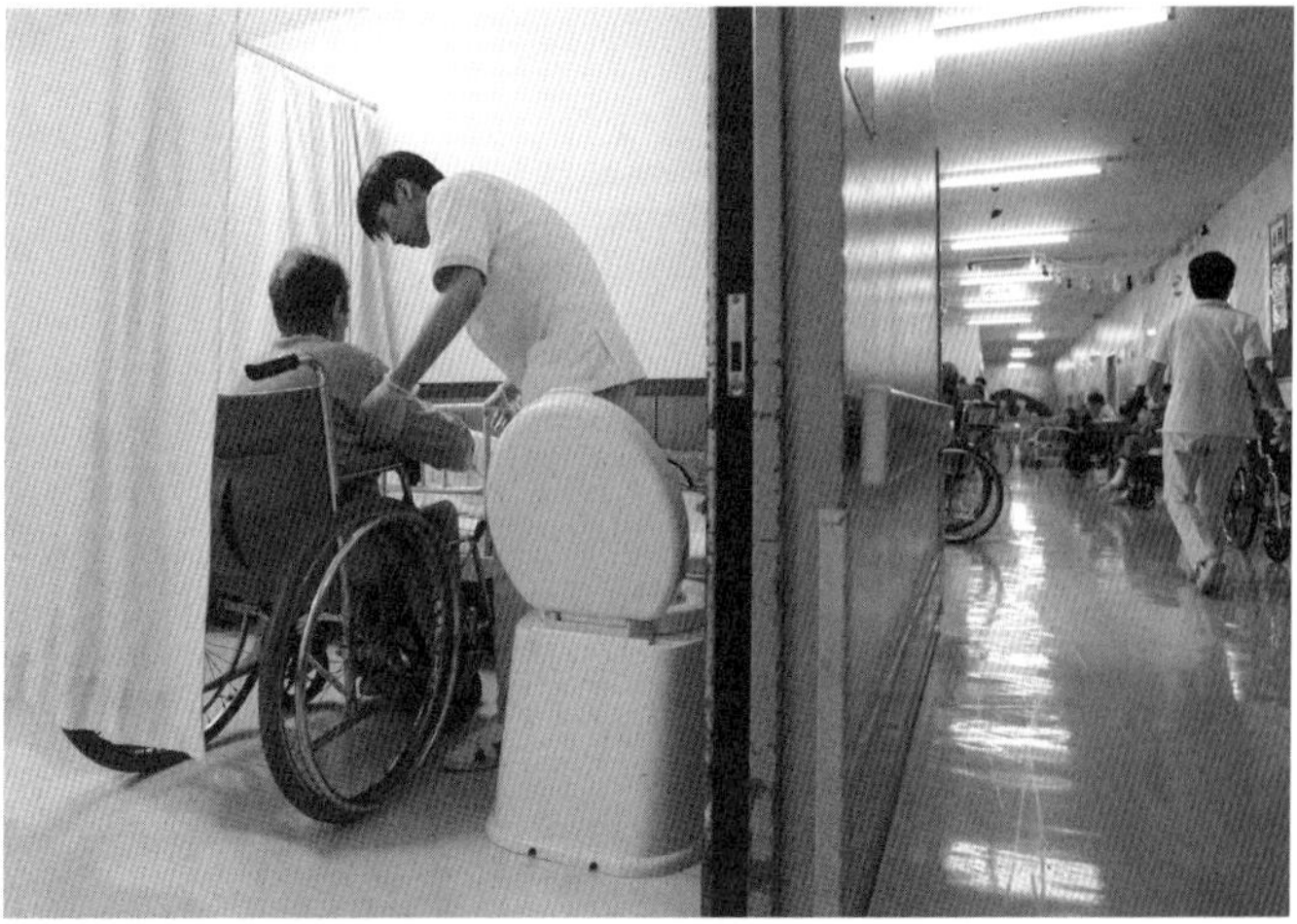

ホールとナース室から最も近い自分の病室で、トイレの準備をしてもらうチャコさん（左）。
「ここの男の人たちはみんな優しい」

ナース室から最も近いチャコさんら女性4人の病室は、ポータブルトイレでの排泄《はいせつ》とオムツ交換の場にも使われる。消灯時間の午後9時まで車いすの女性が次々と運ばれて来た。病室や廊下には就寝後も便臭が漂った。

「精神科病院の日常は世間から見るとずれていることがある」

運営法人の内藤圭之《けいし》理事長は言う。密着取材に応じたのは「全てさらけ出して精神医療を問い直したい」という思いからだ。

病棟の朝は早い。職員3人で患者のオムツ交換を済ませて体調をチェックするのに時間がかかるためだ。午前4時50分、ホールや病室の蛍光灯が一斉にともる。職員がチャコさんの部屋から起床を促し始めた。

「もう起きるんですか」

「そうなのよ」

下着を取り換えられたチャコさんが抑制帯で車いすに拘束された。両手で車いすをこぎ、わずかな前進を重ねる。ホールのいつもの席に着くとそのまま寝息を立て始めた。

ここに来て2度目の夏が訪れようとしている。


（2013年6月22日朝刊）

＊認知症入院、15年で倍増

厚生労働省によると、認知症による精神科病院への入院者は1996年の約2万8000人から2011年には約5万3000人と2倍近くに増えた。入院者の半数は1年以上の長期に及ぶ。一方、従来、多数を占める統合失調症の入院者は11年に約17万2000人で、薬物療法の進歩や高齢入院者の死亡により96年から約4万3000人減った。ある精神科医は「入院者の減少は病院にとって死活問題。空きベッドを埋めるため認知症患者を入院させている病院もある」と指摘する。

そもそも国内の精神科病院は約34万の病床を持ち、人口比ではフランスの3倍、米国の9倍と世界で突出している。認知症患者の激しい症状に対応できない介護施設は多く、患者の家族が「最後のとりで」として精神科病院に頼る側面もあるが、長期入院で患者の生活能力が著しく衰えるリスクも高い。このため厚労省は２０１２年6月、「病院から地域へ」との考えを基本とする新たな施策方針を打ち出した。

呼んでも誰も来ない

「お姉さん、ねえ、お姉さん」

テツ子さん（79）はリクライニング式の大型車いすの肘掛けを音を立ててたたきながら、大声を上げた。

認知症の激しい症状を治療する福井記念病院の閉鎖病棟。車いすにT字形の「抑制帯」で拘束されているが、身を乗り出して近くにいた看護師の服をつかもうと手を伸ばした。

「テッちゃん、つかんじゃダメ」

看護師は緩んでいた抑制帯を締め直して車いすを壁向きにくるりと回転させ、ロックした。周囲から遠ざけ「隔離」するためだ。

認知症はもの忘れや自分の居場所が分からないことが「中核症状」とされ、頻繁に大声を出したり近くの人につかみかかったりする行動は「周辺症状」の一つ。こうした行動が介護施設で表れると退所を求められがちだ。病棟の入院患者の7割は施設から。テツ子さんもその一人だ。

テツ子さんの長女に昨年（2012）9月、母親が当時入所していたグループホームから「最近大声を出して困っている」と電話があった。翌日には「昨晩もうるさくてもう対応できない」と退所を迫られた。荷物は既にまとめられていた。ホームの職員はテツ子さんを近くの精神科病院に連れて行き、医師に問題行動を並べ立てた。トイレを壊す、夜中に屋上に行って騒ぐ――。長女は「とにかく追い出したいんだ」と感じた。その病院は満床だったため、紹介された福井記念病院に入院した。

病棟で最高齢の太郎吉さん（96）も4月、老人ホームを追い出された。ホーム入所の翌日、呼び出された家族は「服を脱いで暴れた。うちじゃ面倒みきれない」と告げられた。どんな人も環境が変われば、落ち着くまでに時間がかかるはずだ。脱いだのも乾燥肌のかゆみのためだった。

面会に来た家族（手前）の問いかけに、手を上げて応える太郎吉さん。激しい症状は治まり「カラオケをしたい」と意欲も湧いてきた

「認知症の人を預かるプロなのに」

家族は憤りを抑え、退去に従わざるを得なかった。

周辺症状の根底には不安があるといわれている。問題行動ととらえず、本人の訴えをくみ取って対応できる介護施設もあるが、まだ足りない。

取材で病棟に通い始めて1カ月たったころのことだ。「アキラ君！」とテツ子さんが大声で私（記者）を呼び止めるようになった。おいと雰囲気が似ているらしい。私の顔をなでながらにっこりする。

「よく来たね。ヒゲ生やして男になったねえ」

ふれあいさえあれば穏やかになることもあるのだ。

ある夜、興奮をなだめようと女性看護師がベッドで添い寝をした。テツ子さんは大切に育てた娘が来たと思ったようだ。母に戻り、表情が和らぐ。「娘」の手を握ったまま眠りについた。

精神科の閉鎖病棟でいつも十分なケアはできない。祝日の昼下がり。テツ子さんは入院患者が集まるホールから離れた4人部屋の中央に車いすを固定され、一人ぽつんとうなだれていた。呼んでも誰も来ない。日祝日は職員が平日の半分以下の6人だけだ。

精神科病院は認知症患者の最後のとりでといわれる。だが、本当にいるべき場所なのだろうか。

（２０１３年６月23日朝刊）

管つながれ生き続ける

保護された認知症男性

「正君、ご飯よ」

ベッドに横たわる男性に看護師が声をかけた。腹部につながれた胃瘻《いろう》の管へ栄養剤を流す前に、たんを吸引する細長いチューブを鼻に差し込む。70歳過ぎに見える男性は苦しそうに左目を開き頭をかすかに反らせたが、声を発することはない。

認知症の人を治療する福井記念病院の系列で同じ精神科の「みくるべ病院」（神奈川県秦野市）。男性は２００５年暮れ、秦野市内の資材置き場で倒れているのを発見され、搬送先の病院で認知症と診断され転院してきた。路上生活をしていたようで、自分の名前さ

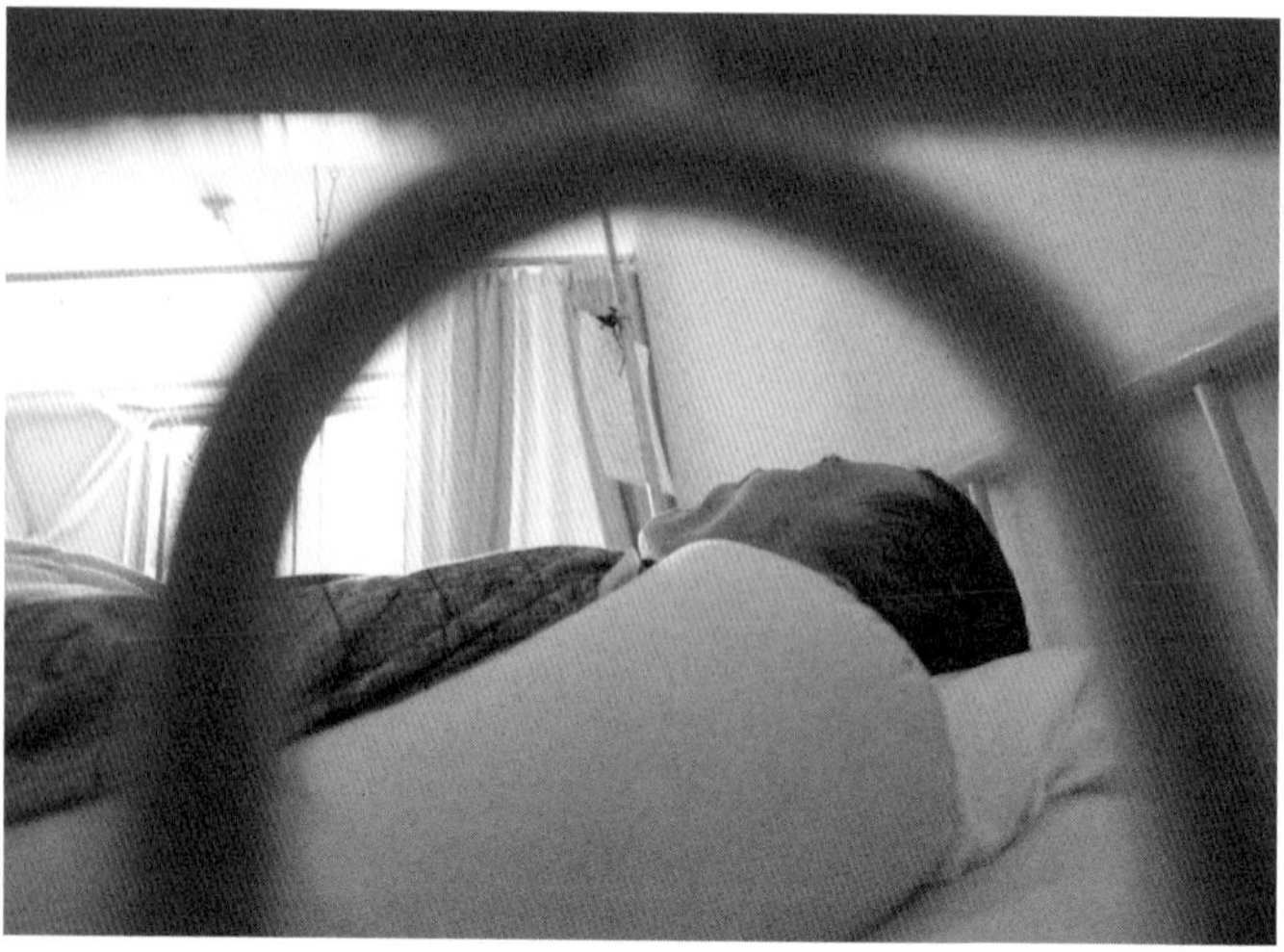

名前を思い出せず「三上正」と名付けられた男性。三上さんら４人のお年寄りが入る病室はいつも静寂に包まれていた

え思い出せない。市は「三上正」という仮名と、見た目から「１９４５（昭和20）年1月1日」という仮の生年月日を与え、生活保護の手続きをした。

当時はまだゆっくり歩ける状態だった。

「父がアルコール依存症で母が苦労した」

「ホームレスでいいので一人でやっていきたい」

そう語ることもあった。食事も自力でできていたが、ベッド暮らしで体を動かすことがめっきり減り、症状は一気に悪化した。２００６年5月の看護記録は「食事はほぼ全介助」、07年5月には「無表情。無反応」となった。

08年、鼻からの経管栄養に切り替えられ、腹部から直接胃に栄養を注入できる胃瘻の造設が検討された。肺炎の危険性を減らすためだ。

胃瘻は通常、本人や家族、後見人と相談して担当医が決める。だが、本人の意識がなく身寄りも分からない場合は医師が判断するしかない。担当の坂本昭仁医師は「生命維持という人道的見地から対応した」と話し、運営法人の内藤圭之理事長は「まだ体力があり、何もしないという選択はできなかった」と振り返る。

胃瘻を造設した三上さんはその後、意識が戻らず、閉鎖病棟から開放病棟に移された。1日2回の胃瘻と2時間おきに床ずれ防止のために姿勢を変えられているが、たいていは天井を見上げた姿勢で眠り続ける。

精神科の治療を必要としなくなった三上さんを、病院は何度も転院させようとした。しかし、10カ所の病院から「本人の記憶がない上、まだ若いので長期入院が予想される」「生活保護の入院枠がいっぱい」と断られた。

毎月約35万円かかる三上さんの医療費や食事代は公費でまかなわれる。坂本医師は「社会保障費の負担が増えることと人権を守ることの間で我々も板挟みになっている」と胸の内を明かす。

同様の路上生活者が運ばれて来たことは過去にもあった。内藤理事長は「家族や後見人のいない人が精神科病院で生涯を終えることは今後、増える」と予想する。

看護師は一度、3月にうなり声を聞いたという。

「話が聞こえている気がして。ねえ正君」

語りかけるような笑顔を三上さんに向けた。

三上正。なぜそう名付けられたのか、もはや知る人も記録もない。

（2013年6月25日朝刊）

つきまとう転院の不安

全身拘束する病院も

「あ、い、う、え、お」

（2013年）4月下旬、認知症の症状を治療する福井記念病院の閉鎖病棟でチモちゃん

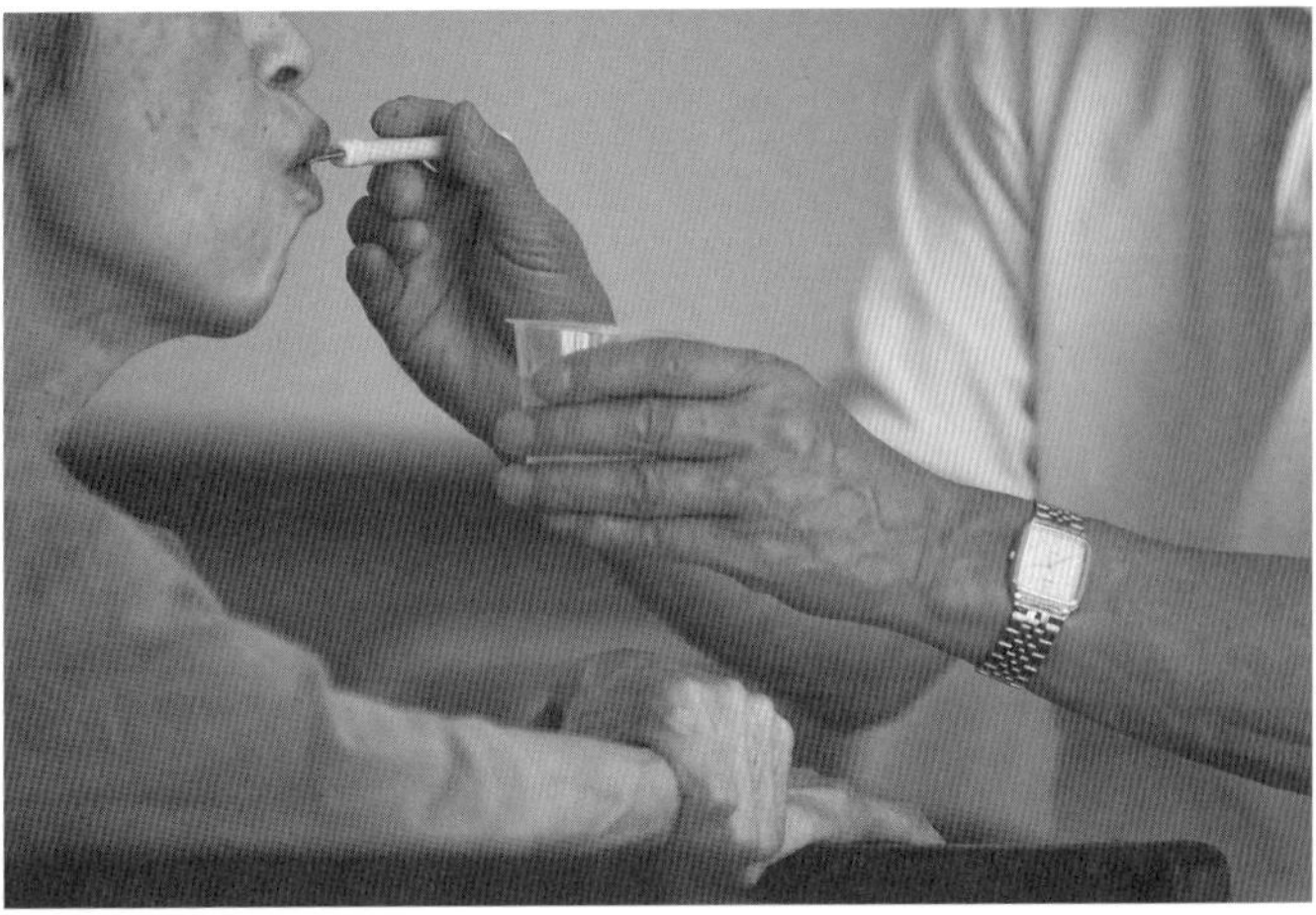

車いすから身を乗り出して、夫（右）がスプーンですくったゼリーを口にするチモちゃん。15 分かけて食べると表情が少し和らいだ

（72）が夫（69）の声を追うように口を動かした。

「これはいくつ」

人さし指を立てた夫の問いかけに「いち」と返す。重い認知症のチモちゃんとの大切なキャッチボールだ。

車で1時間かけ、週2、3回妻の面会に訪れる。入院家族の中で一番多い。夫は「会社人間だった罪滅ぼしかもしれません」と語り始めた。

夫婦は中学の時に知りあった。鹿児島からそれぞれ上京し、チモちゃんの姉が仲を取り持った。高度経済成長のさなか、夫は夜に接待、週末はゴルフで家を空けた。家庭は全て妻に任せ、子供のオムツが取れた時期も知らない。マイホームで育てた息子と娘は無事に巣立った。夫婦水入らずの旅行や田舎の墓参り……。定年後の生活を思い描き始めたころ、忘れもしないあの日が来た。

3年前の3月。目覚めると妻がいない。自宅前の崖下15メートルの駐車場で倒れてうめいていた。フェンスを乗り越えて飛び降りたようだ。緊急入院先で認知症の疑いが判明する。

転院した自宅近くの精神科病院は「安全のため」と言って妻の全身を24時間ベッドに拘束した。解かれるのは面会の時だけだ。勤め先は当時、事業買収の危機に見舞われていた。役員として約1200人の雇用を守る交渉に当たり、仕事の合間を縫って毎日病院に立ち寄る日々。「家に帰りたい」と訴えていた妻は次第に話せなくなり、1年ほどで45キロの体が30キロにやせ細った。

疲れ果てた体を引きずって深夜に帰宅する。迎えてくれる人がいない真っ暗な住まい。

「このまま生きていることが幸せなのか」

2人であの世に行こうと思い詰めたこともあった。

入院して1年半が過ぎたころ、突然医師から告げられた。

「長く居てもらうと困る」

国は長期入院を防ぐため、期間が長くなると病院の診療報酬を下げる仕組みにしている。報酬が高い新規の患者を代わりに入院させようと、病院が転院の圧力をかけたのだ。

じっと座っていられない妻を受け入れてくれる介護施設は見つからない。相談した横浜の精神科病院にも断られた。ケースワーカーに勧められ、ようやく今の病院に落ち着いた。

夫は病院によって対応がまるで異なることを知る。いまの病棟は全身拘束をしない。妻は穏やかな表情を見せることもある。過去の経験から不安もぬぐえない。

「いつまた転院させられるかと思うと気が気でない。衰えゆく人生の最後をなぜ転々と過ごさなければならないのか」

6月上旬の病室。

「もぐもぐしてね。おいしい?」

夫がチモちゃんにゼリーを食べさせながら顔をのぞき込む。誰だか分かっているのか、相手が職員の時と様子が違う。

体をいっぱいに伸ばし、夫が運ぶ銀のさじを受けとめた。

（2013年6月26日朝刊）

車いすより「歩きたい」

リハビリ機会限られ

認知症の高齢者を治療する福井記念病院の病棟で（2013年）4月半ば、車いすの人たちが囲むテーブルに乾いた洗濯物が置かれた。

「これは女の仕事。私がやるの」

ヨウ子さん（83）が男性患者の伸ばした腕を制して手伝いをすると言い出し、エプロンをたたみ始めた。

「お手伝いは好きですか」とヨウ子さんにたずねると、意外な答えが返ってきた。

「お手伝いをすれば私の願いを職員さんに聞いてもらえる。魚心あれば水心だから」

その時は、どんな意味なのか記者には分からなかった。

5月に入ったある日、ヨウ子さんが記者に目配せし、おなかに掛けていた毛布をめくって見せた。事故防止を理由にいつも車いすに体を固定していた「抑制帯」がないのだ。

「今日は職員さんが付け忘れたの」とうれしそうだ。やっとヨウ子さんの「願い」を知っ

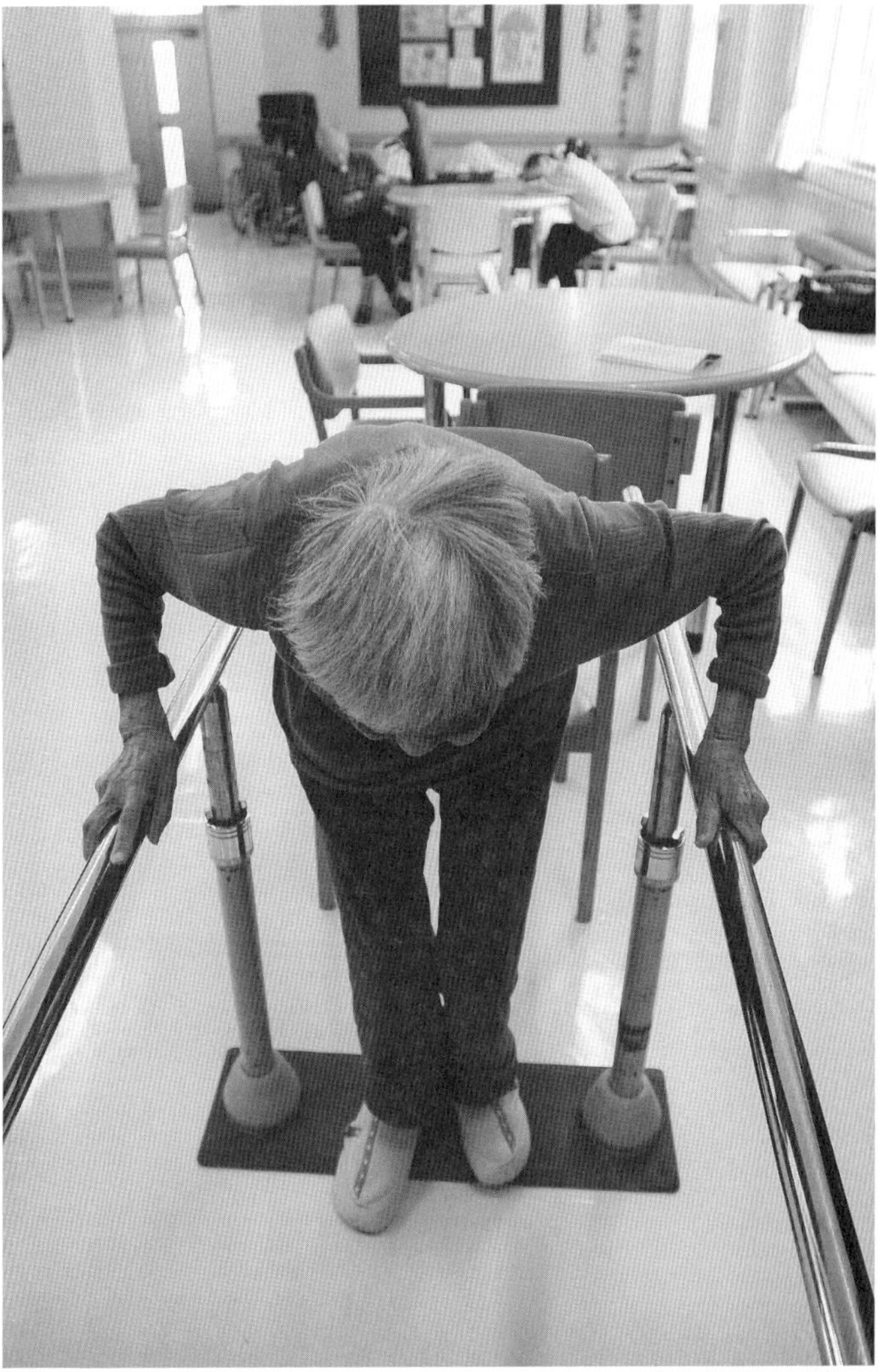

手すりを支えに歩行訓練するヨウ子さん。「ちゃんと歩けたよね。グーッだよね」と歩けた喜びで興奮していた

た。職員の手伝いをすれば喜ばれ、抑制帯を外してもらって自由になれる。そう思い込んでいるのだ。

「本当はね、自分で何でもしたいんだ」

ヨウ子さんは八百屋の看板娘で、小さいころから店頭に立つ働き者だった。認知症を発症したのは2年ほど前。必要ないのに救急車を呼ぶ。混乱状態が続いて自宅での生活が難しくなり、昨年（２０１２）10月に入院したが、症状は治まりつつあった。

閉鎖病棟は、認知症の激しい症状を抑える治療の場だ。職員は「患者をもっと歩かせたり、自由にさせたりしてあげたい」と口をそろえる。基準を上まわる職員を配置しているが、投薬や食事、排泄《はいせつ》の介助に追われ、付き添う時間は限られる。精神科病院には体のリハビリを専門に行う理学療法士の配置も義務づけられていない。

「とにかく自分の力で歩きたくて歩きたくて」

この病棟に昨年10月まで約4カ月間入院していた千葉亘《わたる》さん（76）は当時を振り返る。いまは自宅から週3回、介護施設に出向いて専門家の指導の下、歩行のリハビリに取り組んでいる。硬くなった背筋をほぐし、足腰を鍛える。きついこともあるが、回復を感じられる喜びがある。歩けない時間が長いと生きる気力も衰えていく。

「あのまま、もし入院が長引いていたら……」

6月、ヨウ子さんの思いがようやく病院に伝わった。待ち望んでいた歩行訓練だ。両脇に手すりのように置かれた2本の鉄パイプを支えに、一歩ずつ踏み出す。

「もう1回行こうかな」

さらに1往復できた。子供のようにはしゃぎ、両手で小さなガッツポーズをつくった。この人は家で穏やかに暮らしていたころは、こんな顔をしていたのだと思った。50人ほどの患者がぼんやりとテーブルを囲むホールによく通る声が響いた。

「私、ずっと前から歩きたかったんだよ」

（2013年6月27日朝刊）

再出発へ家族支える

退院先、受け入れ厳しく

（2013年）5月22日、認知症の激しい症状を治療する福井記念病院の閉鎖病棟前からバスが出発した。入院患者約20人とその家族10人、看護師らを乗せ、三浦半島南端の公園へと走る。

「覚えてる？　ここは前に歩いたよね」

車窓の風景を指さした妻（76）が夫のシーさん（79）に語り掛ける。結婚生活51年の2人。妻は、去年（２０１２）できなかった金婚式に代わる思い出ができてうれしかった。

夫は8年ほど前に認知症を発症し、介護していた妻は昨年冬から暴力も受けた。危険を感じて何度も家を飛び出し、凍えながら夫が落ち着くのを待つ日々。うつ状態になり、夫が通院していたクリニックの勧めで今年3月に入院させた。

病院が企画したバスでのハイキングは、苦しんだ家族と患者が一緒に穏やかな時間を過ごしてもらうためだ。患者が病棟から再出発するために家族の支えは欠かせない。

精神科に入院した認知症患者の家族には、シーさんの妻のように長年の介護で疲れ切った人が多い。病棟から自宅に戻れる人はまれだ。妻も「自分が若ければまだいいが、老老介護は限界がある」と言う。

介護施設へ移るには壁がある。要介護度が高くないと入所の順番が回ってこない。体格の良い男性は、介護の手間がかかるとみられて敬遠されがちだ。制度上、介護保険料の範

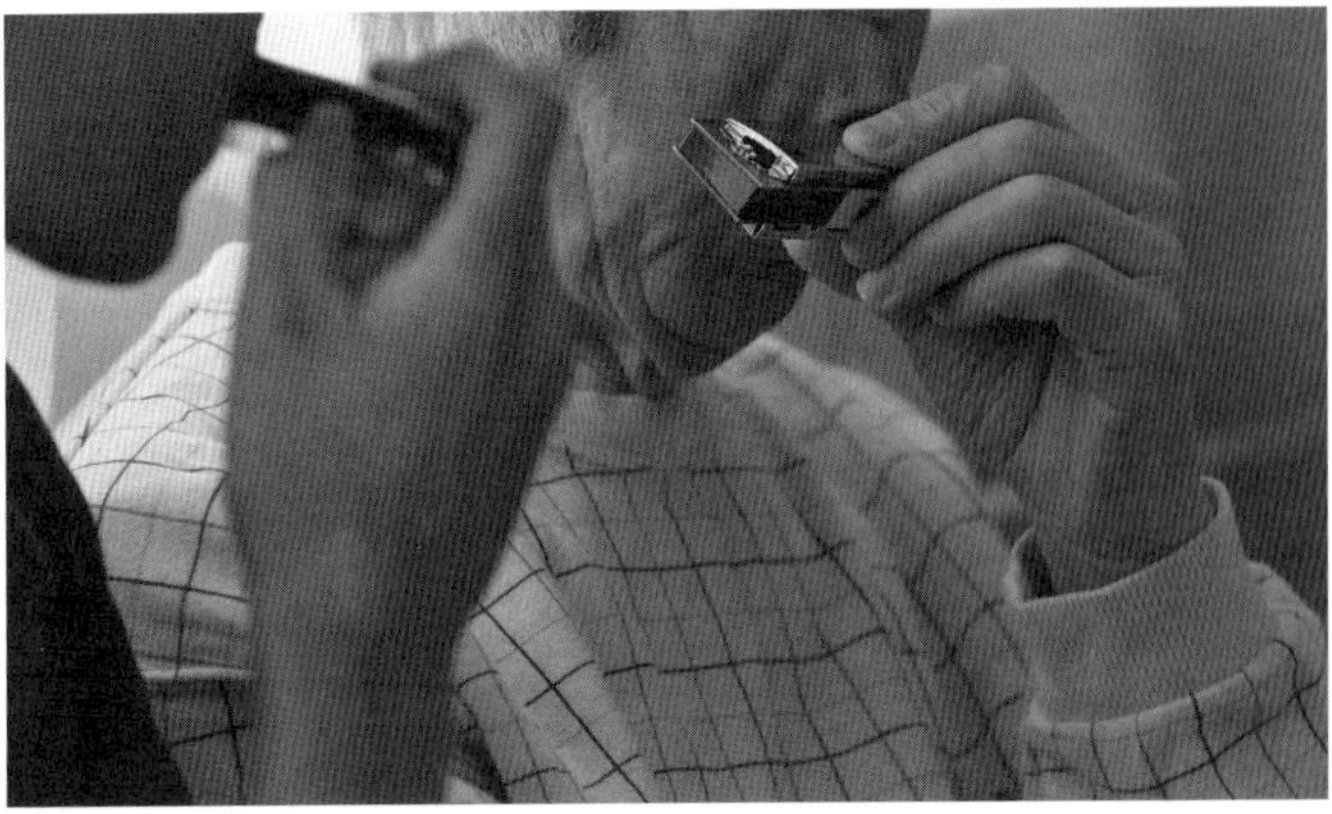

得意のハーモニカを披露するシーさん（右）。唱歌「埴生（はにゅう）の宿」の音色に周りが聴き入った

囲内で医療費をまかなう介護老人保健施設（老健）が、価格の高い認知症の新薬を利用している人を受け入れないケースもある。

精神科を巡る深刻な問題もある。6月18日、運営法人の理事長ら7人が看護部長室にそろった。患者の入退院を話し合うベッドコントロール会議だ。

「前にいた施設は受け入れ困難と言っている」

症状が落ち着いたのに退院先が決まらない人の状況が次々と報告され、ため息が漏れた。

「精神科病院にいるのだから症状が激しく手がかかるに違いない」というレッテルが退院を遠ざけている。「今はよくなったので大丈夫ですよ」と病院側が説明しても「お宅の大丈夫とうちの大丈夫は違う」とにべもない施設もある。言葉遣いが荒いという理由だけで入所を断られたこともあった。しわ寄せが来るのは、行き場のないお年寄りたちだ。

夫の面会を重ねるうちに、最初は気が休まることがなかったシーさんの妻は変わっていった。症状が治まってきた夫を見て「かわいい」と感じられる。

妻は施設への入所を申し込んだ。退院した先に何があるかは分からないが、再出発に向けて動き出した。6月のある日、病棟の回廊でシーさんから手をつないできた。結婚してから初めてのことだ。

「お散歩しようか」

2人がゆっくりと歩き始めた。


（2013年6月28日朝刊）

「太郎さん」

仮名2年、認知症男性、身元不明のまま

大阪の路上で保護、届けなく

２年前（２０１２）に大阪市の路上で警察に保護されたが、名前や住所など身元が全く不明のまま、仮の名前が付けられ介護施設で暮らす重い認知症の男性がいることが分かった。男性は自分の名前が分からず、該当する行方不明者届もない。専門家は「高齢化が進み、今後このような人が増えていくのでは」と危惧している。

大阪市は男性に対し、保護された場所にちなんだ名字に「太郎」という仮の氏名を付けた。福祉の保護を受ける手続きなどで必要なためだ。容姿などから70歳と推定して仮の生年月日も決めた。現在推定72歳になったが、入所する同市内の介護施設の職員には「実際はもう少し若いかもしれない」との見方もある。

記者は（２０１４年）４月上旬、介護施設を訪ねた。「お元気ですか」と声をかけると、太郎さんは「ああ」とうなずき笑顔を見せた。判断能力が不十分な人を守る成年後見人に、

昼食後、ソファでくつろぐ「太郎さん」

市長申し立てで選任された山内鉄夫司法書士らによると、太郎さんの要介護度は3。言葉を発するのが難しくトイレも介助が必要だが、足腰は丈夫でひとりで歩くことができる。

2012年3月11日午前8時前、日曜の朝だった。同市西部にある住宅街の歩道でしゃがんでいたところを警察に保護された。水色のダウンジャケットにグレーのスエットズボン、黒の運動靴。身なりに汚れはなかった。お金や所持品はなく、名前を尋ねても「分からん」と答えた。

保護された際にはズボンの下に介護用の紙パンツをはいており、保護前に介護を受けていた可能性がある。介護施設の職員も「介護なしで生活ができるレベルではなかった」と話す。

その日のうちに大阪市による緊急一時保護の手続きが取られ、太郎さんは市内の保護施設に入所した。規定の保護期間（14日間）を過ぎても身元が分からず、同年3月末から現在の介護施設に入った。

介護施設は通常、本人の経歴や病歴、家族構成などを踏まえてケアにあたる。例えば夕方に歩き回る人がいれば「子供の夕食を作るため家に帰ろうとしているのか」と理由を推測し、不安を取り除くよう努める。だが、太郎さんには保護前の情報がない。山内さんによると、30ほどの施設が入所を断り、受け入れ先は容易に見つからなかった。

太郎さんは特殊なケースなのか。認知症介護研究・研修東京センターの永田久美子研究部長は「超高齢社会では人ごとでなく、同様のケースが身近で増えることは確実だ。これまでも太郎さんのような存在と対面しているが、実態把握も対応も進んでいない。一刻も早く本名を取り戻し家に戻れるように、国や自治体が本格的に対策に乗り出すべき時期だ」と話している。

（2014年4月19日朝刊）

「私」知る人どこに

重い認知症があり2年前に大阪市内で保護されたが名前や住所が分からず「太郎」という仮の名前が付けられた男性について、記者は本人を知る人がいないか、写真を手に保護された大阪市内の住宅街を捜して歩いた。

都会の施設に2年、訪れる者なく

太郎さんが保護されたのは市中心部からほど近い私鉄駅そば。付近のスーパーや歩道には同年代の人が多く、民生委員や町内会長によると、高齢夫婦や独り暮らしの世帯が急増している。

「優しそうなおじいちゃん。早く名前が分かるといいねえ」

境遇を説明すると誰もが胸を痛めている様子だったが、身元を知る人はいない。保護時の洋服からも探った。デザインに特徴がある水色のダウンジャケットは埼玉県にあるメーカーの商品と分かったが、関西では兵庫県尼崎市や大阪府寝屋川市など4〜5店舗で計300〜500着が販売され、それ以上はたどれなかった。

大阪市内の介護施設で暮らす太郎さんのベッドは4人部屋の窓側。他の入所者には家族の面会もあるが、太郎さんに訪問者はいない。壁には「お誕生日おめでとうございます！72歳〇〇太郎様」と1月に迎えた仮の誕生日を祝う写真付きパネルが飾られている。

太郎さんはホールのソファにいたかと思えば突然思い立ったように歩き出す。食卓の椅子やベッドなどへと、あまり落ち着かない様子で移動を繰り返す。自分の居場所を探しているようにも見えた。話しかけると笑顔を返すことから、ケアマネジャーの職員は「社交的な方だったのかもしれませんね」と話す。

成年後見人の山内鉄夫司法書士が以前に面会した際、「結婚していた」と言葉を発したこともあった。

「奥さんはどうなったの？」

「分からん」

「お子さんは？」

「子供はもういない」

「いないってどういうこと？」

「分からん」といったやりとりも。

「コーヒー好きや」と話したこともあった。

だが、最近はこうした言葉を発することが減っている。男性職員は「緩やかだが認知症が進んでいる」という。理解できない問いかけには、頭を抱えてうつむき苦しそうな表情をみせることも多い。

太郎さんには医療行為に同意できる家族がいない上、成年後見人には同意権限がなく、インフルエンザの予防接種は見送られた。胃瘻《いろう》などが必要になった時にどうするか、難しい判断を迫られる可能性もある。

記者が訪れた4月上旬。

「桜、行こか?」

女性職員に散歩に誘われた太郎さんは「行く」と応えた。転倒に備えて職員が腕に手を添える。記者が「デートみたいですね」と声をかけると太郎さんはほほ笑んだ。ピンク色

介護職員とともに桜並木の下を散歩する「太郎さん」。上着のダウンジャケットは、保護された際に着ていたもの

に染まる公園を歩いて椅子に腰掛けると、心地よさそうな表情を浮かべた。

太郎さんは食べることが大好きで、箸を使って食事を取ることもできる。桜の下を歩いた後はチキン南蛮のランチを満足そうにたいらげた。だが、こうした生活がいつまでできるかは分からない。

過去を取り戻すことで必ず幸せになるとは限らないが、「このまま最期を迎えるのは忍びない。名前やルーツを取り戻してほしい」。太郎さんを支える人たちの共通の願いだ。

（2014年4月19日朝刊）

身元判明、家族と再会

兵庫県警、照合ミスか

2年前（2012）に大阪市の路上で警察に保護された重い認知症の男性が、氏名や住所などが不明のまま仮の名前を付けられ介護施設で暮らしていた問題で、男性の身元が

（2014年4月）27日、兵庫県の74歳と分かった。家族と対面を果たしたが、家族により兵庫県警に行方不明者届が出されていたことも判明。見つかった氏名不明者との照合作業で何らかのミスがあり、長期間身元が判明しなかった可能性があるとして兵庫県警は調査を始めた。

男性は2012年3月11日朝、大阪市内の住宅街で保護され、認知症で氏名や住所を話せず、市は保護された場所にちなんだ名字に「太郎」という仮の名前を付け、年齢を70歳（当時）と推定して仮の生年月日も設けた。

毎日新聞が（2014年）4月19日朝刊で男性の存在を報じて身元判明につながる情報提供を求め、同日夜にはNHKもニュースで放送。家族はこうした報道で男性が保護されていることを知り、自治体や警察に申し出た。

27日は、警察の立ち会いの下、男性の成年後見人を務める山内鉄夫司法書士が家族と面会し、家族が持参した写真などから本人に間違いないことを確認した。今後については山内後見人と家族が話し合い、男性の体調などを見極めながら方針を決めるという。

兵庫県警によると、男性は12年3月8日午後7時25分ごろ、県内の路上で一緒にいた家

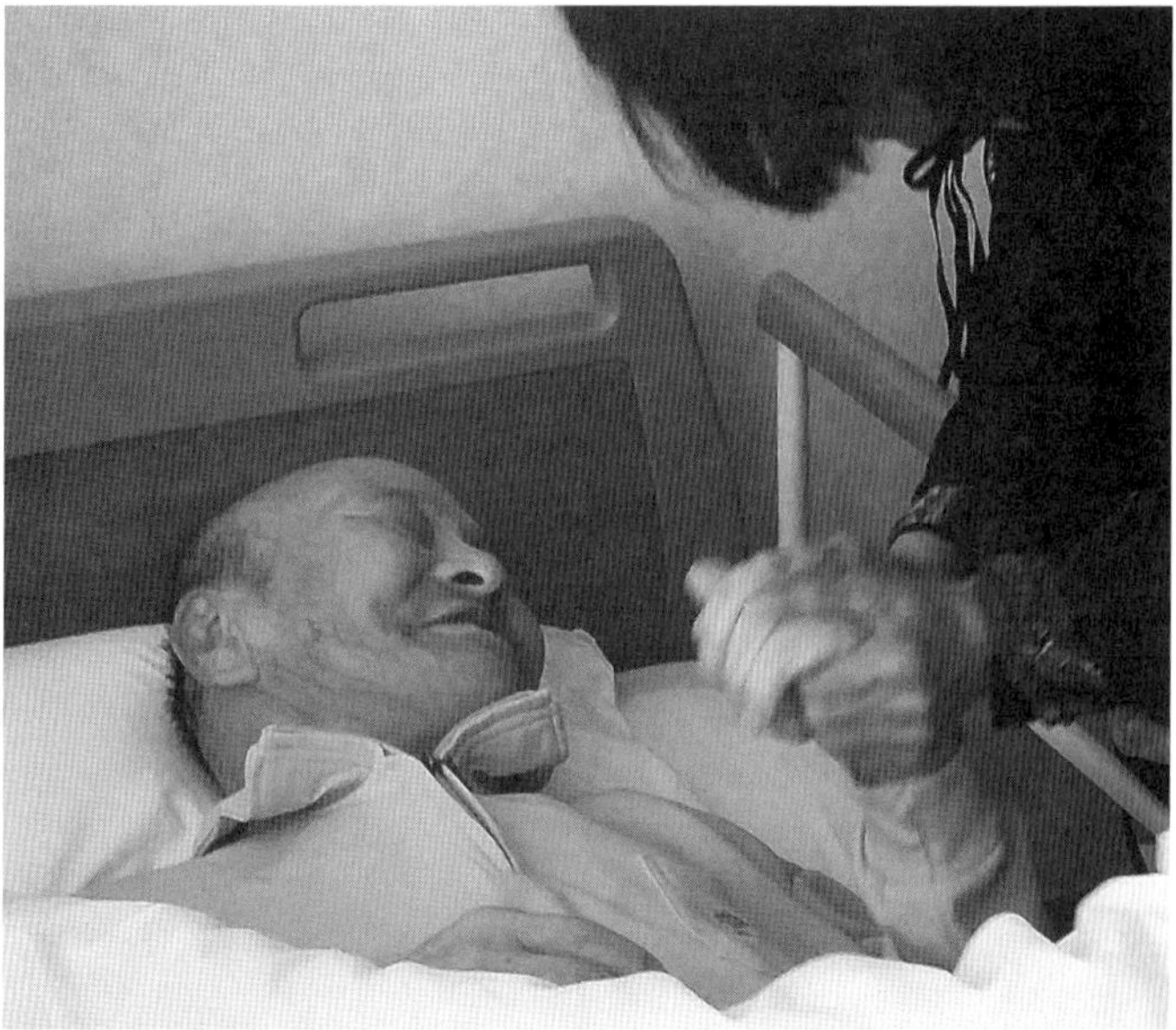

身元が判明し、家族と対面する男性（左）。成年後見人の山内鉄夫さん撮影

族が目を離したすきに行方不明になった。家族は同8時15分ごろ、最寄りの警察署に届け出た。警察署は消防や福祉施設、タクシー会社などにファクスで行方不明者の情報を送り発見の協力を求める「SOSネットワーク」も使って捜したが見つからなかった。

大阪府警が男性を保護したのは3日後。最初に行方不明になった場所から数キロしか離れていない場所だった。府警によると、保護した人の名前が分からない場合は通常、全国の警察本部に写真を添付した「迷い人照会書」を送り、該当する行方不明者届がないか確認を依頼する。今回のケースも兵庫県警を含む全国の警察本部に照会したという。

兵庫県警が作成した行方不明者届には家族が提供した男性の写真が添付されていた。同県警が迷い人照会書と行方不明者届を正しく突き合わせられていればその時点で身元が判明した可能性が高く、何らかの理由でこの照合作業ができていなかったとみられる。

発見に一層努力——兵庫県警の福本明彦生活安全企画課長のコメント

本日まで行方不明者をご家族のもとにお戻しすることができなかったことは残念であり、今後、より一層、行方不明手配・発見業務に努めてまいります。

（2014年4月28日朝刊）

「少し肥えたねえ」家族目を潤ませ

行方不明から780日。重い認知症で身元が分からず「太郎」という仮の名前で暮らしていた男性が（2014年4月）27日、大阪市内の介護施設で家族と再会し、本当の氏名を取り戻した。兵庫県の74歳。「きっと生きている」。そう信じ続けた家族は涙を流し、男性を支えてきた介護施設の職員らと固い握手を交わした。

「おとうちゃん！」

男性の枕元に歩み寄った家族は思わず声を上げた。

「間違いないですか」

施設職員が確認すると、こみ上げる気持ちを抑えきれないように目を潤ませ、はっきり「間違いないです」とうなずいた。

成年後見人を務める山内鉄夫司法書士や施設職員によると、男性は数日前から高熱が出て、家族の来訪時はベッドで寝ていた。体調を考慮し、面会時間は15分程度になった。

「ちょっと、熱あるなあ」

家族は男性の額を手で優しく包み、大切なものを確かめるようにゆっくりなでたという。

「少し肥えたねえ」

「おじいちゃんに似てきたね」

手を握り締め、再会を待ち望んだ顔を見つめた。

山内さんによると、家族は男性が行方不明になり「悪いのは私」と自分を責め続けてきたという。苦しい思いを抱えながら「きっとどこかで元気に過ごしている」と信じてきた。

面会を終えた家族は山内さんや施設職員の手を両手でぎゅっと握り、「ありがとうございました」と何度も伝えた。表情は柔らかくほっとした様子で、感極まる職員も。部屋のネームプレートは本名に取り換えられた。1月1日が仮の誕生日だったが、本当の誕生日を祝うため、もう一度誕生会を開くという。

立ち会った施設職員は「何も分からない状態で介護は難しかったが、出身地や昔の仕事の話も家族から聞けたのでこれからはより寄り添ったケアができる」と笑顔をみせた。

男性の身元が2年間分からなかったことについて、山内さんは「残念だし家族がかわいそう。本当は数日で見つかっても不思議じゃない状況だった。家族がきちんと手続きしたのになぜこうなったのか」と厳しい表情で語った。

迷い人照合、手作業の壁

全国の警察は行方不明者届があった場合、氏名や身体的特徴などをデータベースに集約している。だが、顔写真は登録されない上、氏名が分からないと事実上検索できない。

このため大阪府警は名前を言えない人を保護すると、顔写真や着衣などの情報を載せた「迷い人照会書」を別途用意して他の警察本部に送り、該当する行方不明者届がないか確認を依頼している。

保存期間が1年のため照会書は既に廃棄されたとみられるが、大阪府警に残されている男性の保護状況の記録は「青色ダウンジャケット、灰色スウェットズボン、黒色運動靴」。一方、兵庫県警の行方不明者届は「青色のジャンパー、ブルーのパジャマ、グレーズボン、黒の運動靴」。両者はほぼ一致している。行方不明と保護の日付は3日しか離れておらず、写真も添付されていたとみられる。にもかかわらず、なぜ照合できなかったのか。

府警から照会書を受けた兵庫県警は、本部の担当課が県内48署の行方不明者届ファイルを手でめくり、パソコン上に開いた照会書の内容と照らし合わせ、確認しているという。しかし現在、未解決の行方不明者届は２０１３年分だけで３１３件、ファイルは10年分。性別が異なる人では入念な確認は必要ないが、膨大な手作業のため、ここで見落としが生じた可能性がある。

また、兵庫県警によると、4月10日に府警からこの男性の迷い人照会書が改めて送付されていた。だが、他に照合が終わっていない照会書があり、毎日新聞の報道が出る19日まで確認作業に入っていなかったという。

（２０１４年４月28日朝刊）

「本当の誕生日」笑顔で

重い認知症で保護され身元不明のまま2年以上、仮の名前で大阪市内の介護施設で暮らしていた兵庫県の男性（74）が（２０１４年４月）30日、訪れた家族に初めて笑顔を返した。身元が判明した27日に続き面会は2回目だが、前回は高熱で寝ていたため男性にとっては今回が事実上の再会。家族も改めて喜びをかみしめていた。

毎日新聞は家族の了承を得て面会に同席した。

「お父さん、分かる?」

家族が顔をのぞき込むと男性はじっと見つめ返し笑顔をみせた。立ち会った男性職員は「いつもと違う穏やかな表情で、本人は家族と分かっている。家族が面会すると職員では

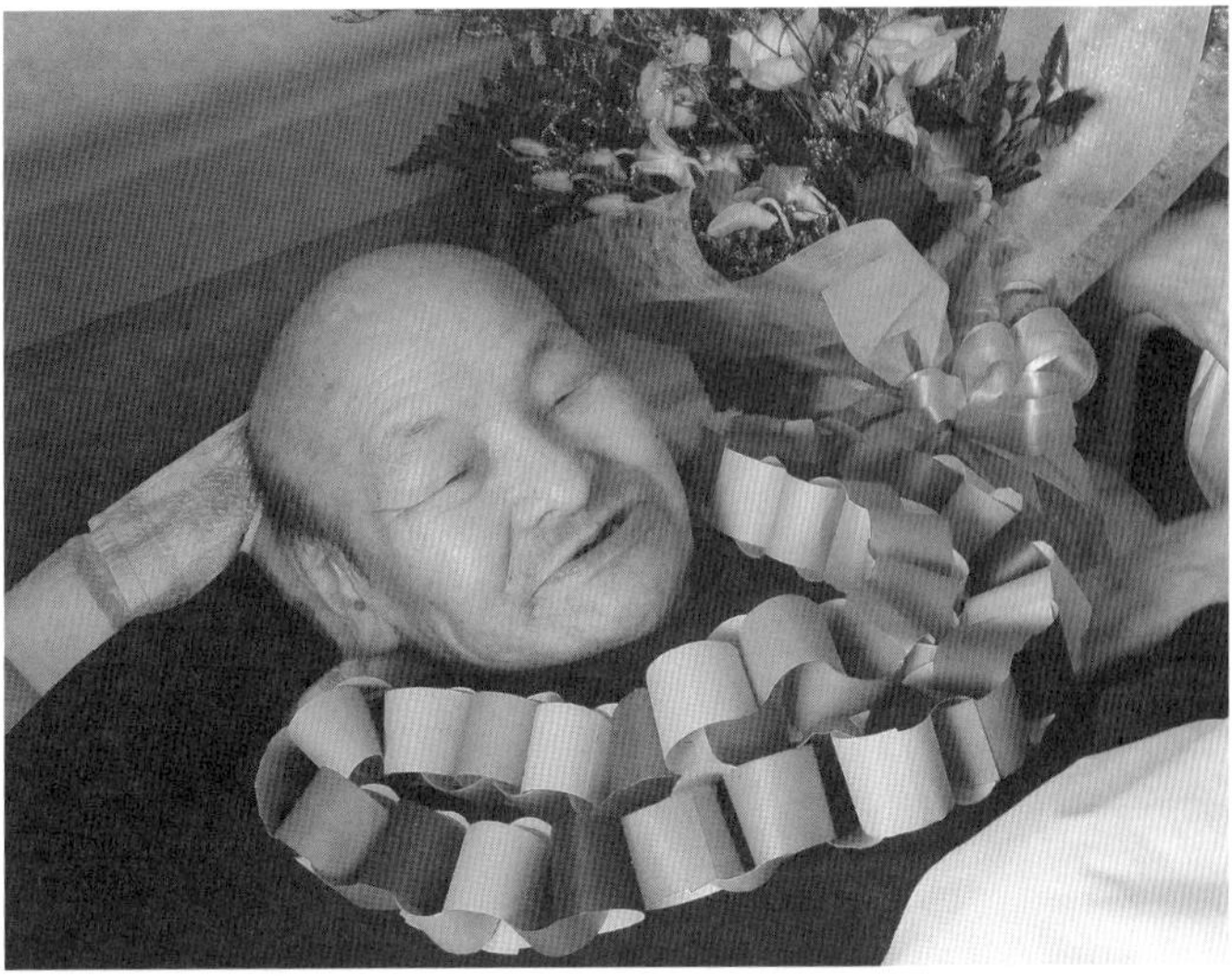

家族と職員に本当の誕生会を開いてもらい笑顔をみせる男性

埋められないものを感じます」と話した。

男性は「太郎」という仮の名前と仮の生年月日で暮らし、施設は1月に仮の誕生会を開いていた。身元判明で正しい生年月日が分かったことから「本当の誕生日を祝おう」と、この日の面会に合わせて職員が花束と色紙でつくった首飾りを贈り「おめでとうございます」と拍手で祝福した。

男性については毎日新聞が19日朝刊で報じ、家族は警察署を訪れ毎日新聞のサイトで男性の写真を初めて見て「8割方お父さんと思った」という。

（2014年5月1日朝刊）

戻らぬ安定した生活――銭場裕司

大阪市の路上で保護されたものの名前が分からず、「太郎」という仮の名前で施設で暮らした認知症の男性が、2年ぶりに本当の名前を取り戻してから今月（2014年10月）で半年になる。男性はその後、体調を崩して入院生活が続くが、再会を果たして面会に来てくれる家族がいる。妻（73）と成年後見人の山内鉄夫司法書士に同席してもらい、これまでの思いなどを聞いた。

男性は2012年3月に大阪市西淀川区の路上で保護された。身元が分からず「太郎」という仮名が付けられた。今年4月の毎日新聞報道などにより、男性を捜し続けていた家族と再会。兵庫県在住だった74歳と判明した。

私は9月下旬、男性が入院する大阪市内の病院を訪れた。

「おとうちゃん、元気やったあ？」

ベッドに横たわっていた男性の顔を妻がのぞき込んで声をかけると、男性は目で妻の顔を追いほほ笑んだ。

男性は再会後、肺炎や感染症などを併発して体調が危ぶまれた。8月に手術を受けて回

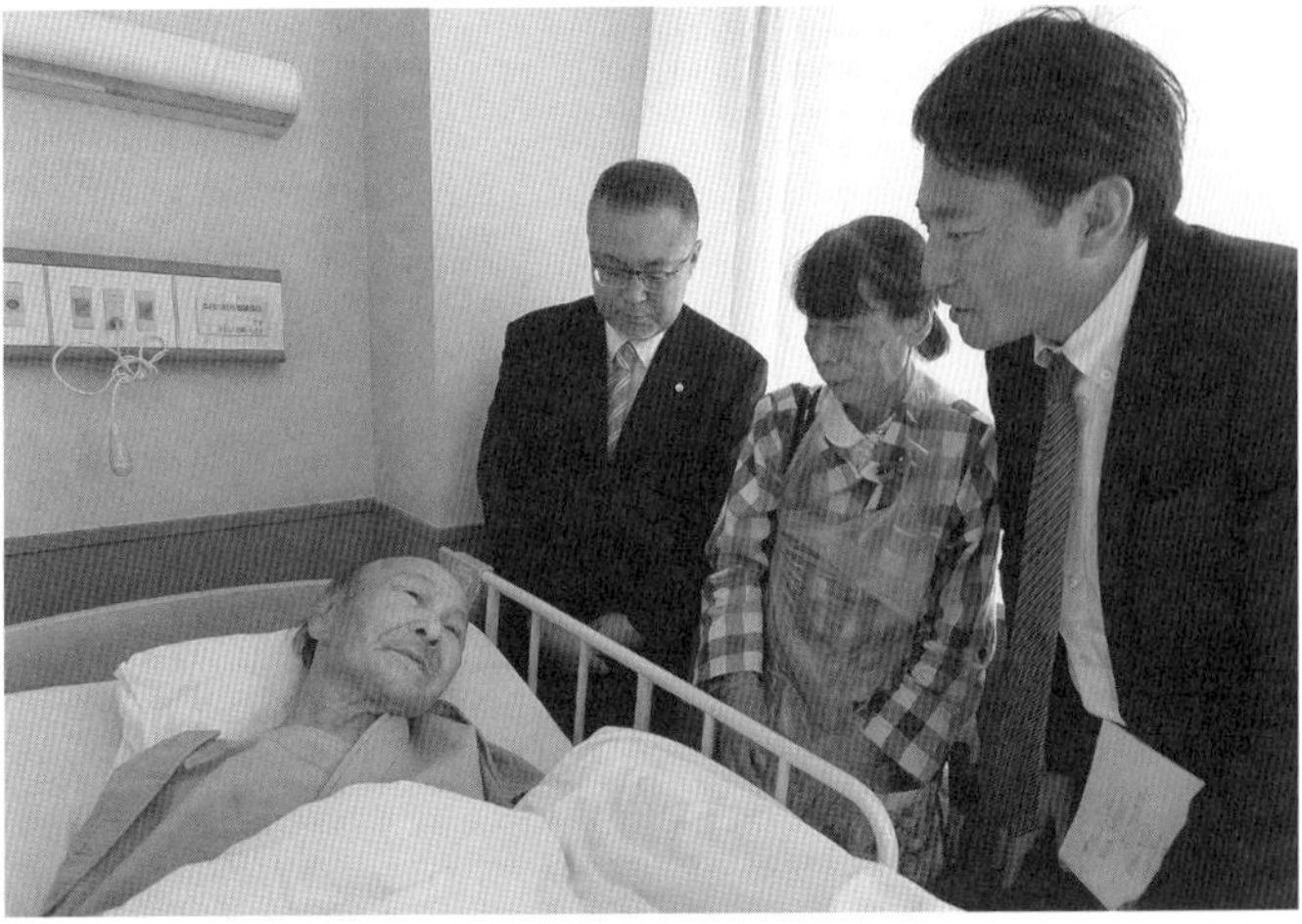

「太郎さん」と名付けられていた男性（左端）と面会する成年後見人の山内鉄夫司法書士（左から２人目）、妻（同３人目）、銭場裕司記者（右端）

復しつつある。

「『愛想が良くて病院の人気者です』って看護師さんが言ってくれました」

妻は少し安心している。

行方不明になる前、認知症になった夫を妻はいつもそばで見守った。外出したがる夫のために、１日に何度も、一緒に自転車に乗ってスーパーや公園に出かけたという。

12年３月８日夜、けがをした家族の救急搬送に夫婦で付き添った病院の帰り、バスを待つほんの少しの間に見失った。すぐに兵庫県警に行方不明者届を提出。その後も月１回程度は警察を訪れて情報がないか尋ね続けたという。後悔したのは、夫の洋服に名前を書いていなかったことだ。普段から名前を書いた洋服を身に着けさせて万が一に備えていたが、その日のダウンジャケットは家族から贈られて間もないものだった。

「油断していた。おとうちゃんに申し訳ない」

ショックで食事がのどを通らず、体重は急激に落ちた。めまいに襲われるようになり体調を崩した。行方が分からない状態が続いて「もう亡くなっているかも」と言う知人もいた。それでも「生きている」と信じて無事を祈り、食卓には夫の陰膳を用意し続けた。今年4月、毎日新聞のニュースサイトに掲載された写真を見て「少しふっくらしているけど、8割方おとうちゃんと思った」という。

男性は、行方不明から3日後の12年3月11日に大阪市で保護されていた。長く再会できなかったのは、妻提出の行方不明者届と、男性を保護した大阪府警から届いた「迷い人照会書」を兵庫県警が照合できなかったためだ。どちらも男性の写真が付いていた。

保護当時より認知症は進み、体も弱った。妻は「もっと早く見つかっていたら元気やったのに」と悔やむ。

認知症の人が身元不明のまま保護されている問題が社会に広く認識されたのは、男性の存在が大きかった。

「おとうちゃんはええことしたで。みんなが考えるきっかけになった」

山内さんにそう声をかけられた妻は「おとうちゃんはツキがある。幸せ者やな」と語る。体調が落ち着けば、妻が通いやすい場所にある病院に転院させる予定だ。

男性の成年後見人を務めた山内さんは、本人の身元確認ができないため預金通帳の作製すら簡単にはできなかった。名前を取り戻すため、本人の承諾が十分確認できないまま写真が報道されることは許されるか。悩んだ末、取材に応じただけに家族との再会をこの上なく喜んだ。

だが、身元判明後も苦労は続いている。山内さんは「男性の身元を捜す体制がなかったが、身元判明後の支援体制もない。再会すれば終わりではなく、本人も家族も安定した生活をまだ取り戻せていない」と言う。

全国にはまだ多くの「太郎さん」がいる。離れ離れになった2年の時を経て、夫婦は結婚50年を迎えた。

共生社会、道半ば——「認知症」862万人、対策遅れ

認知症という言葉ができて今年12月で10年を迎える。厚生労働省によると患者数は

2012年時点で462万人と推計され、「予備軍」と呼ばれる軽度認知障害の人を含めると862万人に上る。高齢者の4人に1人が認知症かその予備軍となる計算で、認知症と共に暮らす社会づくりが急がれている。

認知症は、脳血管や脳細胞の障害で記憶力や判断力などが低下し、日常生活に支障が生じる程度に至った状態をいう。以前は「痴呆《ちほう》」と呼ばれたが、侮蔑的で誤解を招きやすいとの理由で04年12月、厚労省が行政用語を変更した。

アルツハイマー型が最も多く知られているが、他にもさまざまな種類があり、それぞれ症状や治療法も異なる。症状の進行を遅らせることはできるが、根治薬はないとされる。

近年は精神科病院や介護施設を中心にした「収容モデル」を転換し、適切なケアで質の高い生活を支える「生活モデル」を重視するのが世界的潮流で、昨年12月にロンドンで開かれた「G8認知症サミット」の宣言でも「認知症の人々と介護者の生活の質を高める」とうたわれた。

日本でも厚労省が12年6月、「認知症になってもできる限り住み慣れた地域で暮らし続けられる社会を目指す」として、生活モデルへ転換する方針を示した。とはいえ、精神科病院への入院が約5万人に上るなど先進諸国よりも対策は立ち遅れているのが現状だ。

昨年、認知症で行方不明者届が出された人は1万322人に上り、388人の死亡が確認されている。

情報公開、ためらう自治体――身元特定の鍵、保護条例に不安

認知症の疑いなどで保護された身元不明者については、顔写真などを積極的に公表して身元判明につながる情報を求める自治体がある一方、個人情報保護などを理由に写真や詳細を公表しない自治体が少なくない。公表しなければ身元判明が難航する可能性があり、情報公開を巡る大きな課題が残っている。

身元不明者の情報は、埼玉県が5月に独自調査して約18年前に同県狭山市で保護された男性の存在を公表し、男性の顔写真もメディアで報じられ、9日後に身元が分かった。この動きは一部の他県に波及し、千葉県は県内の身元不明者6人の顔写真を全て公開、うち1人が判明した。

同県の担当者は「公開して一定の効果があった。できる限り情報を出した方が身元判明につながる。公開に対する苦情は一件も聞いていない」と語る。

一方、厚生労働省は8月、行方不明になった身内を捜す家族らが、各地で保護された身

元不明者の情報を確認するための特設サイトをホームページに開設した。だが、サイトに何らかの情報を掲載したのは13府県1市のみ。身元不明者が全国に346人（うち認知症の人は35人）いることが厚労省調査で分かったものの、多くの人の情報は未公表のままだ。

ある自治体の担当者は「認知症の身元不明者の情報をどう取り扱うかは、これまで決まりがなかった。顔写真の公表は効果があるようだが、本当に公表して良いか不安がある」と話す。

厚労省は、一部の自治体が「明らかに本人の利益になる時は同意がなくても個人情報を提供できる」という個人情報保護条例の規定に基づいて情報公開した事例を各自治体に紹介し、積極的な公開の検討を求めている。千葉県の条例にこの条文はないが、個人の生命や身体にかかわる問題ととらえて、他の条文の規定に沿うと判断したという。

行方不明になった身内を捜す家族からは「身元不明者の情報を早く確認できるように公開を進めてほしい」と強い要望が上がっている。


（2014年10月15日朝刊）

認知症行方不明・身元不明者問題　関連記事

認知症、不明・死亡５７８人
――２０１２年分、毎日新聞全国集計

遠方で保護も

認知症またはその疑いがあって行方不明になり、死亡確認された人が２０１２年の１年間に３５９人に上ることが分かった。同年末までに見つからなかった人も２１９人いた。毎日新聞が全国の警察本部などに取材して集計した。合計すると５７８人で、認知症の人を巡る深刻な実態が判明した。

警察庁は認知症の人が当事者となった行方不明者届の数を12年分から公表しており、同年は９６０７人だったが、警察本部によって受理するまでの手続きに違いがあることも分かった。正式な届け出前に保護や死亡確認される人もいるため実際の行方不明者数は大幅に膨らむとみられ、死者数も増える可能性がある。

死亡確認された３５９人（届け出が同年より前の人を含む）は山林や河川、用水路のほか、空き家の庭や道路上などで発見された。未発見者２１９人のその後については、各警察本部は「統計上は未把握」などとしている。

９６０７人の行方不明者届のうち、最多は大阪府の２０７６人、次いで兵庫県の１１４６人。ただしこれは、両警察本部とも事件性の判断や捜索に生かすため、行方不明者の家族らに対し書面に

よる正式な届け出を積極的にするよう促していることが背景にある。

一方、神奈川、千葉、埼玉3県には、正式な届け出の前に、電話などでの連絡と同時に「一時的所在不明者」として受理する制度がある。その段階で見つかる人もいて正式な届け出に至らないケースもあり、行方不明者届の数は神奈川262人▽千葉232人▽埼玉146人。また、東京の警視庁は3県のような制度はないが、正式な届け出前から捜索活動に取り組んで早期に見つかるケースがあり、行方不明者届の数は350人。他は愛知735人▽京都371人▽福岡357人▽茨城317人——などだった。都道府県別の死者数は、大阪26人▽愛知19人▽鹿児島17人▽東京16人▽茨城15人▽北海道、福島、長野、兵庫各14人——など。

認知症の人が遠くまで行ってしまう事例も判明した。大阪府警によると、12年8月の届け出翌日に門真市の男性（当時75歳）が松山市の港で発見▽13年1月に届け出を受けた大阪市の独居男性（同83歳）が22日後に北海道函館市のパチンコ店に迷い込み保護——された。四国や北海道にたどり着いた経路や、その間の生活ぶりは分かっていない。

近年の行方不明者届は70歳未満の各年代がいずれも減少かほぼ横ばいで推移しているのに対し、70歳以上は急増。12年は全世代8万1111人のうち70歳以上は1万4228人で5年前の3521人（33%）増となり、認知症の人の増加が影響したとみられる。

【解説】受理手続きに地域差、実態さらに多く

行方不明となった認知症の人の数や死者数は、正確にとりまとめられていないのが現状だ。行方不明者届を巡る警察本部の対応の違いなどで、現行の集計に含まれない数がかなりに上るとみられるためだ。

どの警察本部も迅速な捜索活動を目指しているが、首都圏の3県は、書類提出に時間がかかる行方不明者届の前段階に「一時的所在不明者」という制度で受理し、いち早く捜索に着手している。その数を2011年の神奈川でみると、認知症の人だけで1947人。同年の認知症の行方不明者届248人の8倍近くに上る。

一方、正式な届け出を積極的に促すことで早期対応につなげている大阪府警管内の行方不明者届は、警察庁公表の全国集計の約2割を占め、突出して多いが、他の警察本部の行方不明者届の数よりも実態を正確に示していると言える。

国の認知症施策は、できる限り住み慣れた地域で暮らし続けられることを掲げる。地域生活のリスクを把握するためにも、国は実態を正確に示す全国のデータをとりまとめた上で対策を講じる必要があるだろう。（2014年1月29日朝刊）

認知症の76歳男性、不明1年

家族「宝物失った」——見守れず自責の念

行方不明となり死亡または見つからなかった認知症の人が2012年の1年間だけでも500人以上いることが判明した。家族が懸命に捜しても、長期にわたり安否すら分からない人もいる。身内を守れなかった深い後悔と悲しみの中、家族は帰りを待ち続けている。

「いまだに悪夢みたい。なんでこんなことに」。大阪府岸和田市の田中八重さん（73）は悲痛な思いを抱えたまま（2014年）1月25日を迎えた。

約50年連れ添った夫、孝明さん（76）が行方不明になり、この日でちょうど1年になる。

孝明さんは午後9時過ぎ、風呂上がりのパジャマ姿で自転車に乗り家を出た。いつも身に着けさせていたGPS（全地球測位システム）付き携帯電話は残されたままだった。

03年にアルツハイマー型認知症と診断された。症状が進むと外出先から戻れなくなることが何度かあり、警察に保護された。夫婦2人暮らしで、八重さんは買い物や犬の散歩などの外出時だけでなく、自宅でもできるだけそばにいて注意を払ってきた。

行方不明となった後、近くに住む子供ら家族総出で空き家や公園、和歌山県の山間部に至る道まで捜し、写真入りのビラを張って歩いた。2月に入り、顔見知りの女性が1月31日に自宅から1キロ弱の病院そばで孝明さんと会話していたことが判明。女性は当時、行方不明と知らず、ベンチにいた孝明さんは「犬がおらへんようになった」と話したという。

3月には、和歌山方面に5キロほど離れた大阪府貝塚市の社会福祉法人の敷地で自転車が見つかった。職員は「2月初旬からあったように思う」

行方不明になった田中孝明さん（家族提供）。身長165～170センチ。当時75歳でやせ気味、短髪黒髪

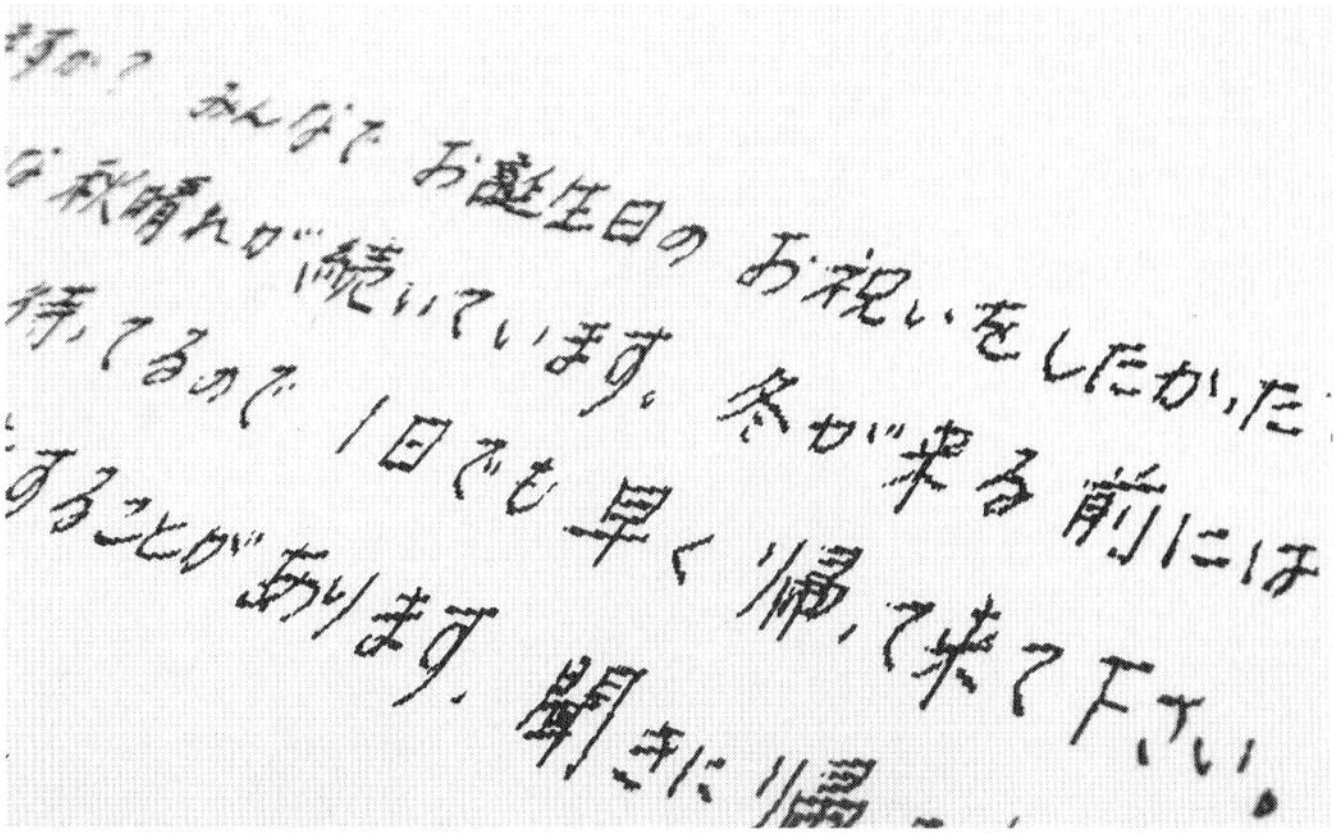

「1日でも早く帰って来て下さい」。行方不明になった田中孝明さんの76歳の誕生日（2013年9月24日）に娘が書いた手紙の文面

と証言し、警察官や警察犬がくまなく捜したが行方はつかめなかった。家族は、孝明さんにつながりそうな情報があれば足を運んで捜し続けている。

「八重さん」「孝明さん」。互いを名前で呼び合う夫婦のけんかを子供たちは見たことがない。近年、孝明さんの症状は進んだが、コーラスや太極拳など八重さんの趣味に付き添い、笑顔も見せていた。八重さんは「大切な宝物を失った。見守れなかった自分が悪い。もし会えるなら『ごめんね』って謝りたい」と涙を流した。

近くに住む長男の政雄さん（41）も苦しい思いを語る。「とーやん（お父さん）は怖くて孤独やったろうに。自分がもっと注意すべきだった。無事に帰って来てほしい。もし、それがかなわないのなら、どんなかたちでもいいから帰って来てほしいのだが……」。行方不明から1年という歳月が家族に重くのしかかる。

認知症の人を守るため、地域を挙げた捜索訓練や、行方不明時に当事者の名前や住所、写真、服装などを事前登録者に一斉に知らせるメール配信など、対策に力を入れる自治体は増えたが、まだ道半ばだ。政雄さんは「誰にでも起こる問題と思う。全国で取り組みが進んでほしい」と強く願っている。

地域の支援が大切――認知症の人の視線測定で道迷いの原因を研究している敦賀温泉病院（福井県敦賀市）の玉井顕理事長の話

道迷いは認知症の多くを占めるアルツハイマー病の一つの症状で、活動意欲があり体も元気な初期段階の方が起こりやすい。店を出た途端に居場所が分からなくなったり、目印の景色を勘違いしたりするなど、ふとしたきっかけで起こる。道に迷いにくい空間を整備する研究も始まっているが、周囲の気付きで長時間道に迷う状態は防げることもある。社会や地域の人が認知症の意識を高めることが重要だ。

（2014年1月29日朝刊）

早期認知症で行方不明

家族が発症に気づかず

認知症やその疑いで行方不明となり死亡または見つからない人が2012年だけで500人を超えていたが、まだ症状が進んでいない段階でも行方不明になるケースがあることが分かった。北海道釧路地域での民間団体などによる調査では、家族が認知症の発症に気づいていなかった「発症早期段階」が約2割に上った。専門家は「ごく初期は、そばにいる人ほど変化に気づきにくく、本人にも言いにくい。少しでも異変に気づいたら周りの人に相談を」と話している。

「ちょっと行ってくる」帰らぬ人に

大阪市浪速区の村上定男さん（当時84歳）は12年1月30日夕、自宅から800メートルほど離れた郵便局から、近くの旧宅にある鉢植えの水やりに向かった。「ちょっと行ってくる」。自転車に乗る姿はいつも通りで、妻喜美子さん（83）は異変を感じなかった。だが、定男さんはそのまま帰って来なかった。

村上定男さんが遺体で見つかった枯れ草が覆いかぶさる側溝に、妻喜美子さんは花を手向け、静かに手を合わせた

1週間後の2月6日、9キロほど離れた同市平野区の堤防近くの側溝で、付近の住民が定男さんの遺体を見つけた。そばには自転車が倒れていた。道に迷った末に力尽きたとみられ、凍死だった。真冬の風を避けようとしたのか、幅30センチほどの溝に体を埋めるように横たえていたという。喜美子さんは「どんな気持ちで自転車で走っていたのか。正常な状態やなかったんでしょう」と夫に思いをはせる。

行方不明になる1、2カ月前から、定男さんは食事したことを忘れる日があった。温浴施設で鍵をなくしたことや、道に迷ったのかなかなか家に帰って来られないことも。喜美子さんが病院に行くよう勧めたが、応じずそのままになっていた。喜美子さんは「当時は認知症のことが頭に浮かばず、どの病院に連れて行けばいいかも分からなかった」と語る。

認知症の人は前へ前へと行ってしまい、自転車で戻れなくなることもあるので気を付けた方がいい——。喜美子さんが自分のかかりつけ医からそう聞いたのは、夫を失った後だ。「本人に病気の自覚はなかった。早く受診させて、もっと気を付けるべきでした」と悔やむ気持ちが日々募る。食卓を囲む相手がいなくなり、料理する気もなくなった。「夕方になるとものすごく寂しい。もう一人ですから」。喜美子さんは一度も泣くことすらできずにいる。

03年の民間調査、釧路では2割超

03年までの10年間に北海道釧路地域で捜索対象となった行方不明事案のうち、本人の症状や家族の認識を把握できた129件を民間団体などが調べたところ、家族が認知症の発症に気づいていなかった「発症早期段階」が20・2％あった。日常的に症状が出て家族が気づきつつも行方不明になるとは考えていなかった「発症期」も43・4％に上った。

調査したのは民間団体「釧路地区障害老人を支える会」（たんぽぽの会）と、公設民営の「認知症介護研究・研修東京センター」の永田久美子・研究部長。

永田さんは「ごく初期はそばにいる人ほど変化に気づきにくい。家族が症状を指摘すると関係がこじれることもあり、本人になじみの人や地域包括支援センターに相談し協力を求めることが大事」と語る。その上で「本人なりに外に出る理由があり、問題視して閉じ込めるとかえって状態が悪くなる。家族だけでなく地域の支援が必要で、近所の人や商店、飲食店、交通機関などで働く人、学生や子供も貴重な支え手になる」と話した。

（2014年2月4日朝刊）

身元不明、認知症高齢者ら
緊急一時保護546人

5人が「仮名」

認知症などの疑いで警察に保護された高齢者らのうち、名前が分からないために自治体が介護施設に暫定入所させるなど「緊急一時保護」の対象となった人が、2008年度からの約6年間に少なくとも546人いたことが毎日新聞の調査で分かった。本人が氏名や住所を話せず、引き取る人も見つからないために取られた措置で、年間の対象人数はこの間にほぼ倍増していた。大半はその後、身元が判明するが、現在も身元不明のまま仮の名前が付けられた人が少なくとも5人いることも判明した。

毎日新聞は(2014年)2〜3月、全国の政令市と県庁所在地の市、東京23区の計74自治体を対象に緊急一時保護の実態を尋ねた。

緊急一時保護の流れ

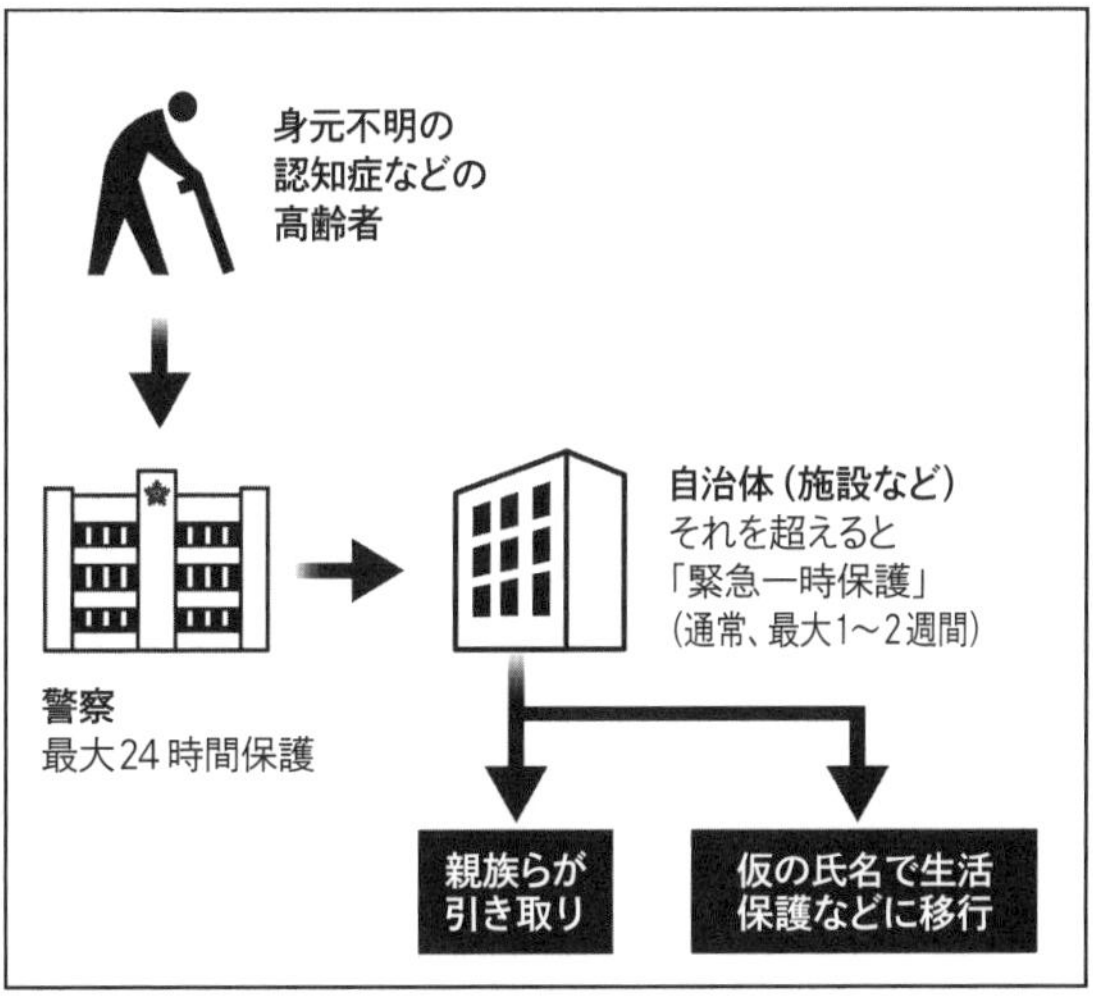

現在も身元不明のままの人は、大阪市で12年3月に保護されて「太郎」という仮名が付けられ毎日新聞が情報提供を呼び掛けている男性のほか、目黒区で保護された男性、葛飾区の女性、横浜市の女性、松山市の男性。認知症や記憶障害などの疑いがあり、緊急一時保護の期間（自治体ごとに異なりおおむね1〜2週間）を過ぎても身元が分からず現在は生活保護などを受けて施設や病院で生活している。

緊急一時保護が実施されたのは32自治体の計546人。認知症以外の病気や詐病と判明した人なども一部含まれる一方、豊島区、川崎市、名古屋市など統計的に実施件数を把握していない自治体も多いため、実際の人数はさらに膨らむ可能性が高い。

内訳は、23区中14区の計315人と、12政令市と政令市ではない6県庁所在市の計231人。23区は新宿126人（一部に高齢者虐待対応も含む）▽北54人▽葛飾28人▽荒川24人――の順で、新宿はターミナル駅の新宿駅近くの交番で保護される人が多い。市は大阪71人▽神戸49人▽横浜46人▽福岡20人――など大都市に集中していた。

年度別にみると、08年度は65人で、以後は09年度76人、10年度87人、11年度85人、12年度111人。13年度（14年2月までの集計）は122人に増加した。

緊急一時保護され
身元不明でいる仮名の人

保護年月	保護場所	性別
2011年9月	横浜市	女性
2012年3月	大阪市	男性
同　6月	目黒区	男性
同　10月	葛飾区	女性
2013年6月	松山市	男性

（記憶障害などの人も含む）

引き取り拒否も

道に迷った高齢者を家族が引き取りに来るようなケースは大半が警察の保護段階で解決しており、緊急一時保護に至るのは、氏名が言えないほど症状が重く身近に家族がいないなどさまざまな事情が重なった場合だ。ある自治体の担当者は「身元判明後は親族らに引き継ぎ、その後の生活は把握できていない。在宅生活を続けることが難しく施設に入る人が多いのではないか。家族や元々いた施設に引き取りを拒否されたこともある」と話している。

（２０１４年４月22日朝刊）

＊緊急一時保護

道に迷った高齢者などを見つけた警察は法令上、原則24時間を超えて保護できず、介護の対応もできない。それを超える場合は、自治体が本人の健康と安全を守るため施設に預けるなどの対応を取っている。「徘徊《はいかい》高齢者緊急一時保護」などと呼ばれるが、法律に明確な定めはなく、各自治体がそれぞれの手法で対応している。事前に提携した介護施設に最大1～2週間の預かりを頼むケースが多く、病院や一時宿泊所を使う場合もある。

認知症で緊急一時保護、身元探し綱渡り

認知症の疑いがあって身元が分からず自治体が緊急一時保護した人は約6年間で少なくとも５４６人に上るが、同居する家族がいても警察に行方不明者届が出されない事例が生じている。夫婦２人暮らしでともに認知症の疑いがある「認認介護」とみられるケースも多く、超高齢社会の深刻な課題が浮かぶ。

夫婦で症状、届け出困難

「認知症らしい人を路上で保護したのだが……」

昨年（２０１３）６月、東京都北区役所の夜間

当直に警察から電話が入った。高齢の女性で服装が乱れ、街をさまよっていたようだが、意思疎通が難しく、所持品を調べても身元が分からないという。

既に午後10時半を過ぎ、病院での診察やこれ以上の身元調査は難しい。当直から連絡を受けた高齢福祉課の職員が緊急一時保護の手続きを取り、契約していた介護施設に入所させた。

身元が分かったのは翌日だ。過去に何度も警察に保護されていた女性で、出勤した警察官が名前と顔を知っていた。女性は夫と2人暮らし。夫も認知症の疑いがあり、妻の度重なる行方不明に慣れて届けを出さなくなっていた。北区の担当者は「今回は偶然身元が分かったが、同居人がいても届けが出されないケースが増えるのでは」と危惧する。

大阪市では、身元が5日間判明しなかったケースがあった。2011年8月に郵便局でたたずんでいる女性を通報を受けた警察が保護した。女性は氏名も生年月日も言えず、市が施設に緊急一時保護したが、女性に該当する行方不明者届は出されなかった。

身元判明のきっかけとなったのは女性の大家だった。女性の姿をしばらく見ないことを心配して通報したという。女性と夫はともに80代。2人暮らしだったが、この夫も認知症の疑いがあり届けを出せなかったという。

東京都葛飾区では昨年7月、路上をとぼとぼと歩く高齢の男性が警察に保護された。会話も成立しないほど認知症が進み、身元は分からない。施設に緊急一時保護するため区役所で聞き取りしていたところ、容体が急変して病院に救急搬送された。心臓に病気があった。数日後、関西の家族から「父が帰宅していないようだ」と連絡があり、ようやく身元が分かった。

職員が男性の自宅を訪れると、2人暮らしの高齢の妻も認知症が進み、夫が帰宅しないことも分からない様子だった。男性は自宅に戻れず、妻は区の支援で在宅介護サービスを受けながら1人暮らしを続けている。

毎日新聞の調査では、緊急一時保護された546人のうち1人暮らしとみられる人は141人で、家族と同居していた人も多いとみられる。葛飾区の担当者は「都市部の高齢者は特に孤立化を深めている。夫婦で暮らしていても深刻さは1人暮らしとあまり変わらない」と指摘している。

法的仕組み不備、対応にばらつき

約6年間で546人という緊急一時保護の人数は、実際にはこの数にとどまらないとみられる。緊急事態に対応する明確な法律の定めはなく、各自治体の対応にばらつきがあり、正確な件数などが把握できないためだ。

身元の分からない認知症の高齢者を守るため、各自治体は「徘徊《はいかい》高齢者緊急一時保護」などの名称で、受け皿となる施設を事前に確保し対応している。こうした自治体は近年増加し、毎日新聞の調査では32自治体（東京23区は13、政令市・県庁所在市は19）が要綱を設けていると回答した。

だが、要綱がなく状況に応じて対応する自治体や、路上生活者と同じ扱いで生活保護の部署が担当する自治体もある。こうした対応の大半は、今回の調査で得られた回答件数に含まれていない。対応には警察や他の自治体・部署との連携が欠かせないが「個人情報保護法の影響で情報共有が難しい」と語る自治体担当者も多い。

（2014年4月22日朝刊）

認知症で緊急一時保護、4割が住所地以外

1000キロ離れたケースも

認知症の疑いで自治体に緊急一時保護された高齢者らが2008年度からの約6年間で546人に上ることが判明したが、保護前の生活状況を把握できた306人のうち117人は住所地以外で保護されていたことが分かった。全体の約4割に上り、中には自宅から1000キロ以上離れた場所で保護されるケースも起きていた。

毎日新聞の調査では政令市と県庁所在市、東京23区の計74自治体で08年度から13年度（14年2月までの集計）に少なくとも546人が身元不明で緊急一時保護されたが、保護前の生活状況を把握できたのは11区132人と16市174人の計306人。このうち住所地以外で保護されたのは11区75人、12市42人の計117人だった。

住所地以外で緊急一時保護された人の割合は全体では38％だったが、区部に限ると57％、市部では24％で、大都会に当たる区部では過半数に達していた。

昨年（2013）9月の夕方、東京都江戸川区の公園に男性が1人でたたずんでいた。見かけた住民が心配して近くの介護施設に相談し、連絡を受けた同区が緊急一時保護した。

職員が氏名や住所などを尋ねると、認知症のようで話は要領を得ないが持ち物の中に電話番号があった。電話をかけると千葉県にいる親族につながり、男性の身元が判明した。60代後半で住まいは沖縄県。1人暮らしだったとみられる。

かつては仕事で東京や福島県など日本中を回っていたことも職員に話した。沖縄に親族がいることが分かり、発見から10日後、職員が男性を沖縄

行きの飛行機に乗せた。

いつ家を出てどこに向かっていたのか、経路や目的は何も分からず、区の担当者は「昔の感覚で仕事を求めて東京に来たのだろうか」と思いを巡らす。

千代田区が昨冬に緊急一時保護した女性は「東日本大震災のボランティアに行こうと思った」と職員に説明したという。認知症とみられ、手押し車を押していたが荷物はほとんどなく、上着のダウンコートは汚れていた。

保険証で岡山県の70代女性と判明したが、職員が本人から聞き取った話では、家を出てから途中でどこにいるのか分からなくなり、新宿あたりをうろうろしながら1カ月ほどたつという。最初はホテルに泊まっていたが、所持金が乏しくなり路上暮らしをしていたとみられる。連絡が取れた息子がいる岡山県に夜行バスで帰らせた。

他にも北海道の人が大阪市で▽兵庫県の人が宮崎市で▽愛媛県の人が浜松市で――などの保護事例があった。

緊急一時保護が相次いでいることについて田村憲久厚生労働相は（2014年4月）22日の閣議後の記者会見で「基本的には自治体で工夫していただくことが中心になる。国が一律に把握して対応するのは難しい」と話した。

一方、認知症の人を見守る取り組みに詳しい認知症介護研究・研修東京センターの永田久美子研究部長は「日常の暮らしの延長線上で行方不明になるので徒歩のみでなく自転車や車や電車、時には飛行機で移動して自治体の線引きは容易に越えてしまう。各市町村の中だけで考えず、都道府県、全国エリアで認知症の人を守る広域ネットワークの整備が必要だ」と話している。


（2014年4月23日朝刊）

認知症で行方不明、厚労省調査へ

認知症の疑いで行方不明になり自治体に緊急一時保護された高齢者らが２００８年度からの約６年間で５４６人に上ることが判明したことなどに絡み、厚生労働省は（２０１４年４月）23日、実態把握のため全国調査を行う方針を決めた。田村憲久厚労相が同日の衆院厚生労働委員会で明らかにした。

民主党の柚木道義氏が、認知症を巡る毎日新聞の報道などを踏まえて対応策を質問。田村厚労相は「まず状況を把握しなければならない。地域によってかなり（対応に）差があるのだろうと思う。各自治体だけでは把握できていない部分もあるので、警察とも連携しながら、情報を集めたい」と述べた。

（２０１４年４月24日朝刊）

やさしい父、あきらめない
「認知症」診断翌日、不明に

認知症で行方不明になる人が全国で相次いでいる問題で、10年以上安否すら分からないまま肉親の帰りを待ち続ける人たちがいる。失踪宣告を受けて法律上は死亡と扱われてもいいとおしい人への思いは変わらず、今もその姿を捜している。

３姉妹、手がかり求め13年

大阪市で保護され身元不明で仮名のまま介護施設で暮らしていた認知症の男性について毎日新聞が先月（２０１４年４月）報じたところ、行方不明の身内を捜す複数の家族から毎日新聞に問い合わせがあった。

そのうちの１人が、13年前に82歳でいなくなった父の青山重雄さんを捜す長女の庄司しげみさん

青山重雄さん

(65)。母マサエさんも1年半前に88歳で死去し、空き家となった徳島市の自宅に栃木県から移り住んだ。「父がいつ帰ってきてもいいように、私がこの家を守るんです」。近くの妹２人とともに父の帰りを待っている。

２００１年7月10日夕、庭先で日曜大工のような作業をしていた重雄さんにマサエさんが声を掛けた。「お茶でもいれるから待ってて」。戻ってくると重雄さんの姿はなかった。誕生日祝いで次女の竹路《たけじ》陽子さん(63)から贈られたばかりの自転車で出かけたようだった。

重雄さんは前日、「軽い認知症」と診断された。5日前に数時間行方が分からなくなり心配した家族が近くの医院を受診させたのだ。万一に備え、しげみさんが全地球測位システム(ＧＰＳ)機器を探すなど対応を始めようとした矢先だった。

届けを受けた徳島県警は県内全署に手配。家族も、重雄さんが生まれ育った場所や、お気に入りのお遍路先などを捜し歩いたが、自転車すら見つからない。三女の井筒浩子さん(58)はひと月以上、毎日父を捜して四国中を飛び回った。占師の言葉を頼りに親戚総出で川をさらったことも。情報を求めてコンビニや公民館に張ってもらったポスターは１０００枚を超えた。

子煩悩で笑顔の絶えない父だった。薬品会社の営業職。休みの日はいつも行楽地に連れて行ってくれた。身長１５２センチと小柄ながら、阿波踊りで同僚たちの「連」を率いて先頭で踊る姿を忘れられない。姉妹は「人懐っこくて愛嬌《あいきょう》があるから、名前が言えなくてもどこかで保護されて暮らしていれば……」と思いを巡らせる。

「色あせたポスターを見ると切なくなる」。次女の陽子さんは無情に過ぎる歳月を嘆く。数年たつと周囲からあきらめの声が漏れた。行方不明から7年になる年、姉妹はお寺で葬儀を営んだ。法律上「死亡」したとみなされる失踪宣告の期間が過ぎたためだ。宣告を受けて死亡届も提出した。だが、本心は違う。「私たちは簡単に割り切ることはできない。周囲の人たちとの関係でひとつの区切りは付けたが、あくまでも仮の葬儀です」。姉妹はそう口をそろえる。

　姉妹は毎年、必ず県警本部に足を運ぶ。警察庁が1年ごとにまとめる身元不明死亡者のリストを確認するためだ。数百人の遺体の顔写真を見るのは本当につらいが、しげみさんは「私たちにはこれしか道がない」と言う。

行方不明になった父の情報を求めるポスターや、２年間「仮の名」で暮らした男性の身元判明を報じる新聞を見る長女しげみさん（中央）、次女陽子さん（右）、三女浩子さん

認知症の疑いがある行方不明者届は12年に9607人、同年中の死亡確認は359人に上る一方、見つからなかった人は200人を超えることが毎日新聞の取材で判明している。仮名で暮らしていた男性はその後、家族と再会できたが、身元不明者の実態を国は正確に把握していない。姉妹は「死亡者のリストではなく、生きている身元不明者の情報がほしい」と話す。

（2014年5月10日朝刊）

認知症不明1万300人

警察庁は（2014年5月）9日、認知症が原因で行方不明になった人の行方不明者届の受理件数が2013年に約1万300人分に上ったと公表した。前年（9607人）から7％増加した。集計中の暫定値といい、死亡者や、未発見者の人数は公表しなかった。

衆院厚生労働委員会で民主党の長妻昭元厚労相の質問に明らかにした。

（2014年5月10日朝刊）

認知症行方不明で対応見直しへ
——国家公安委員長

重い認知症で行方不明になった高齢者が保護された後も身元が判明しないケースが相次いでいる問題について、古屋圭司国家公安委員長は、（2014年5月）13日の閣議後会見で「最近の事例を参考にどのような取り組みが一番いいのか総合的に検討したい」と述べ、警察の対応を見直す方針を示した。

古屋氏は、DNA型鑑定を取り入れることについて「家族の了解が大前提だが、一つの選択肢ではないか」と述べた。

（2014年5月13日夕刊）

認知症女性、夫と再会まで7年

群馬県警、名前誤記

群馬県館林市で2007年に保護された認知症の女性（67）が他の警察本部に誤った名前で身元照会され、身元不明状態のまま民間施設に入所していたことが、群馬県警などへの取材で分かった。NHKが（2014年5月）11日に放送した番組をきっかけに視聴者から情報が寄せられ、身元が判明。12日に夫が施設を訪れ、7年ぶりに再会を果たした。この日は結婚記念日だったという。

県警や館林市などによると、女性は東京都台東区の柳田三重子さん。07年10月30日未明、東武伊勢崎線の館林駅付近で保護されたが、自宅の住所や名前を言えなかったため身元が分からず、館林市内の介護施設に入所させた。

市や介護施設によると、保護された時、靴下に「ヤナギダ」、下着には「ミエコ」と書かれていた。しかし県警は、「迷い人」として他の警察本部に文書で照会する際、名称情報を「不詳」とし、「下着には『エミコ』と記載あり」と誤記していた。県警は「ヤナギダと書かれていたことは、昨年（2013年）12月まで知らなかった」と説明する。

女性は当初、娘の名前である「クミコ」を名乗ったため、施設では「柳田久美子」と呼ばれていた。

警視庁浅草署は三重子さんが行方不明になった2日後の10月31日、家族から出された家出人届を受理し、オンラインシステムに「柳田三重子」の氏名や読み仮名、身長や体形などの情報を入力した。家族から顔写真の提供も受けた。

警視庁の担当者は群馬県警から顔写真入りの文書を受け取り、該当者がいないか調べたが、「エミコ」と誤記されていたため、三重子さんと確認できなかったという。

三重子さんの情報を求めるチラシは、関東6県の交番などで配布されていた。介護施設の関係者は「柳田さんは東武伊勢崎線に乗せられて捨てられてしまったのかもと考えていた。もっと早くご家族と会うことはできなかったのか」と話した。

群馬県警生活安全企画課は「資料が残っていないため、当時の関係者から事情を聴き、詳しい経緯を調べる」としている。（2014年5月14日朝刊）

認知症女性7年不明
生活費、家族に請求か

1000万円超、群馬・館林市も苦慮

東京都台東区の認知症の女性（67）が2007年に群馬県館林市内で保護され、今月（2014年5月）12日まで身元不明のまま民間介護施設に入所していた問題で、女性の7年間の生活費が、市から家族に請求される可能性のあることが分かった。7年間の生活費総額は1000万円を超えるとみられ、市は国や県と協議し慎重に対処するとしている。

館林市や介護施設によると、07年10月に女性が保護されてから数週間は一時的な保護措置として市が費用を全額負担した。その後、施設を居住先として仮の名前で市が住民票を作成、生活保護費を支給した。収入や資産、年金給付、親族による援助はいずれもないとみなした。女性は保護当時は「要介護3」で、約4年前から寝たきりになり、現在は最も重い「要介護5」と認定されている。しかし介護保険は適用されず、介護費用の全額が生活保護の介護扶助として施設側に支払われてきた。

関係者によると、女性の生活にかかる費用は保護当初より増え、現在は月額30万円近くとみられる。７年間では総額１０００万円以上に上る見通しという。

館林市の担当者は「本人や家族に資産があることが判明した場合、市が立て替えた費用の返還をお願いするのが原則」と説明する。一方で「前例がなく、我々の対応が今後のモデルになり得る。県や国の指導を仰ぎ、どのように対処すべきか慎重に判断したい」と話している。

田村憲久厚生労働相は13日の閣議後会見で、この女性の生活費の負担について「どういう解決方法があるのか検討する」と述べた。群馬県内のある行政関係者は「今回のケースを知って『認知症の家族を見捨てても、行政が金を出して施設が世話をしてくれる』と考える人が出てこないか心配だ」と話す。


家族が全額おかしい、国はガイドラインを——社会的弱者の保護制度に詳しい結城康博・淑徳大教授（社会福祉学）の話

認知症の女性を捜していた家族が施設入所に要した費用を全額支払うことになるのはおかしい。認知症の行方不明者が１万人を超えている時代だから保護した人の生活費を国や市町村が負担するのは公共サービスの一環だ。家族に全額請求されるようなことになれば、認知症の人を外出させないようにする流れができてしまうのではないか。国がガイドラインをつくるべきだ。

（２０１４年５月15日朝刊）

群馬・館林市、生活費請求せず

1000万円「人道的配慮」

東京都台東区の認知症の女性（67）が２００７年に群馬県館林市内で保護され、今月（２０１４年5月）12日まで身元不明のまま民間介護施設に入所していた問題で、館林市は16日、これまでかかった7年間の生活費を女性側に請求しない方針を決めた。市は「認知症に起因し、社会全体で考えるべき問題。人道的見地から、請求すべきでない」と判断し、特例措置を示した。

市や入居していた介護施設などによると、女性は身元不明状態だったため、仮の名前で住民票が作成された。収入や資産がないものとして、生活費や介護費用は生活保護で賄われてきた。7年間の費用総額は１０００万円以上とみられる。

生活保護受給者に無申告の資産や年金があることが判明した場合、その分の保護費は返還を請求されるのが一般的。館林市は「認知症の人が増え続け、今回のことはこれからも起こりうる深刻な事例」として慎重に対応を検討していた。

市は、7年前に女性を保護した経緯について、「人命を守るのは当然の責務。人道的見地から施設入所措置をした」と総括したうえで、かかった経費を請求しない方針を決めた。全国的にも前例がないため、今後、女性の資力などを確認し、国や県と協議したうえで正式に決定する。

市の担当者は「資力が判明した場合に返還を求めるのは本来の形ではあるが、今回は別の話。ましてご家族は7年ぶりに再会したばかり」と話した。

難しい判断「特例」強調

高齢化社会を迎える中、群馬県館林市のようなケースは今後増えることが予想される。だが、保護中の生活費が請求されないとなれば、いなくなった認知症患者を家族が熱心に捜さないというような事態も懸念され、自治体は難しい判断を迫られそうだ。

市は、生活費を請求しない判断について、人道的見地からの「特例」を強調する。女性は本名が言えず、群馬県警が「迷い人」として全国の警察に手配する際、下着に書かれていた名前を間違って記入した。このため、家族から家出人届があったにもかかわらず、身元の判明が遅れたという事情もあった。

さらに、女性の家族が生活費を請求される可能性が報道されると、市には苦情や問い合わせが相次ぎ、市の業務に支障が出た。「火消し」のため、国や県との調整が終わる前に、方針表明を急いだ面もあるという。

ただ、館林市の判断が前例となりかねないだけに、県は「生活費の算出や本人の資力の確認には相当な手間と時間がかかる」（健康福祉課）として、慎重姿勢を崩していない。

厚生労働省の研究班の調査（２０１２年）によると、高齢者のうち認知症は約15％の約４６２万人（推計）。軽度の認知障害は約４００万人とされる。

児玉善郎・日本福祉大教授（福祉住環境）は館林市の方針について、「身元不明の方を保護し、生命の安全と最低限の生活を保障することは行政の当然の責務。家族に落ち度がないので市の判断は妥当」と指摘。「今後、認知症の高齢者が急増することは確実で、身元判明のためのシステムづくりが急務。地域住民による見守りや支え合いの活動を行政がバックアップすることも求められる」と話した。

（２０１４年５月17日朝刊）

認知症不明者検索システム連携せず

８都道府県警、独自に運用

認知症で行方不明になり氏名不詳のまま保護された人について、人口規模の大きい９都道府県警本部のうち８警察本部は独自の行方不明者検索システムを運用（予定を含む）しているものの、ネットワーク化されていないことが分かった。警察庁の検索システムでは氏名不詳者の身元照合ができないため、独自システムが構築されたが、現状では管外の行方不明者は検索不可能となっている。各警察本部の担当者は「全国統一のシステムを国が作るべきだ」と指摘している。

２０１２年に大阪市で保護された認知症の男性の身元が２年以上判明しなかった問題を受け、毎日新聞は人口５００万人超の９都道府県（北海道、千葉、埼玉、東京、神奈川、愛知、大阪、兵庫、福岡）の警察本部に身元の照合方法などを尋ねた。

警察庁のシステムは全国の行方不明者届が登録されているが氏名を入力しなければ事実上検索できない。このため氏名が分からない人を保護した各警察本部は管内の行方不明者届に該当がなければ、身体的特徴などをまとめた「迷い人照会書」を他本部に送り照合を依頼。照会書を受けた各本部は、それぞれ管内の行方不明者届と照合している。

管内の行方不明者届をデータベース化した独自システムが既にあるのは、９警察本部のうち神奈川、兵庫を除く７本部で、神奈川も来年度に運用開始を予定している。大阪市で保護された男性は兵庫県在住で行方不明者届も出ていたが、独自システムのない兵庫県警は男性の行方不明者届と大阪府警から受けた迷い人照会書を手作業で照合したものの合致させられなかった。

行方不明者届を検索できる項目は各本部のシステムによって異なる。千葉の場合は性別、年齢、身長、「丸顔」「四角顔」といった特徴や頭髪、手術痕などで該当する届け出を探せるという。写真も登録しているのは5本部（北海道、埼玉、東京、大阪、福岡）、迷い人情報も検索可能にしているのは4本部（千葉、埼玉、東京、大阪）だった。

ある警察幹部は「各本部がそれぞれシステムを作るので内容に違いが出るのは当たり前。本来は国が予算を取って整備すべきものだ」と指摘。別の幹部は「認知症の人は都道府県境を越えて行方不明になることも多い。統一したシステムを作るべきだ」と話している。（2014年5月25日朝刊）

警察・自治体・介護施設、情報共有難しく

認知症不明者、規定なし

認知症で行方不明になり氏名不詳のまま保護され長期間身元が判明しない人については、警察と自治体の連携不足や情報交換を巡る課題も指摘されている。個人情報保護への過剰な対応が情報共有を妨げることもあり、警察や自治体の担当者からは「連携や情報共有のルールを早急に作るべきだ」との意見が相次いでいる。

認知症による「迷い人」などを保護した警察は法令上、24時間を超えて保護できないため、自治体に対応を引き継ぐ。だが、その後の身元を捜す取り組みや情報共有を巡る規定はなく、警察と自治体がそれぞれの判断で動いているのが現状だ。

2007年に群馬県館林市で保護された柳田三

重子さん（67）＝東京都台東区＝は、家族が警視庁浅草署に行方不明を届け出ていたにもかかわらず、身元が7年間判明しなかった。このケースでは靴下に「ヤナギダ」、下着に「ミエコ」の記載がありながら、群馬県警は管外の警察に送った迷い人の照会依頼で「ヤナギダ」を記載しなかった上、「下着にはエミコ」と誤記していた。県警内で何らかのミスがあった可能性が高いが、女性を市と介護施設に引き継いだ後に十分な情報交換をしていれば、県警が正確な内容を把握する機会はあったとみられる。

しかし、介護施設は「市とは女性の生活費に関するやりとりが毎月あったが、警察からの連絡はほとんどなかった」と証言。市も「初期の段階で県警から『身元が判明しない』と言われて以降、特に情報交換はしていなかった」と振り返る。

県警も、文書が保存されている過去3年のうち11年と13年12月に館林署が施設に近況確認の電話をした記録が残るだけで、市とのやりとりは記録にないという。13年12月の電話で県警は「ヤナギダ」の名字を認識したと説明するが、その後も「エミコ」という誤った情報を正すことはなかった。

女性が保護された館林駅は東武伊勢崎線の区間急行などの終点。施設によると、ホームで駅員に声をかけられて改札の外に出され、さまよっていたところを警察に保護された。市や施設は当時、「伊勢崎線起点の浅草駅方面からやってきたのでは」と考えた。

実際、市は独自に沿線自治体に情報発信し身元確認を試みている。栃木県足利市と佐野市、埼玉県羽生市に電話し、同市と加須、久喜、春日部、越谷、草加の各市にファクスを送った。東京都墨田区と足立区、台東区にはメールを送り、埼玉県警本庄署と警視庁向島署にもファクスで照会した。

それでも身元を特定できなかった。

ある警察本部の幹部は「自治体に引き継いだ後も、警察から情報を求めていれば、再検索の（末に身元を特定できた）タイミングはあったのではないか」と話す。一方、別の警察本部の幹部は「一部の自治体では、情報を求めても『個人情報だから』と拒否されることもある。例えば子供の情報も、学校と警察で個人情報の関係で締結して（ルールを決めて）初めてやりとりできる」と指摘する。

毎日新聞が政令市など74自治体に（２０１４年）2〜3月に実施したアンケートでも個人情報保護の問題を指摘する声があった。「身元特定に結びつく情報の共有が難しい」「警察や関係機関との連携システムが確立されていない」などの意見が寄せられた。

（２０１４年5月25日朝刊）

父さん、帰って来て
通い慣れた寺へ出かけたまま3年半

兵庫の耕三さん、認知症の疑い

予期せぬ父親の行方不明に戸惑い、悲しみに暮れる家族がいる。家族は、誰よりも健康を気遣い人生を楽しんでいた父が、通い慣れた道にも迷うようになっていたことを、残された日記で知った。周囲も気付きにくい早期認知症で行方不明になったと確信し、父を捜し続けている。

日記に予兆

兵庫県三木市の耕三さん（87）は２０１０年12月26日、長男と2人で暮らす自宅を出た後、行方不明になった。「歩くことが生きがい」で、小さな歩幅ながら毎日約4万歩を数えた。認知症予防として新聞を声に出して読み、暴飲暴食をせず、

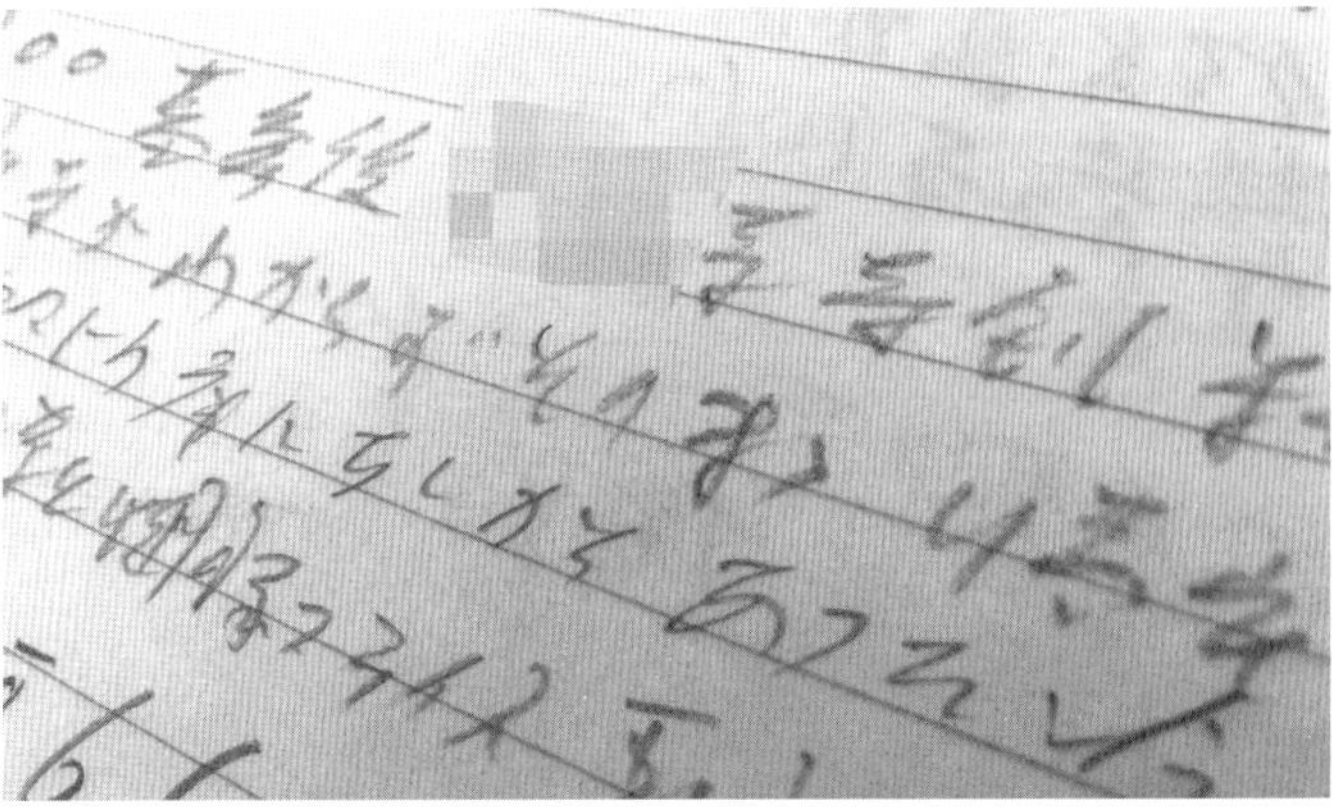

行方不明になる２日前に耕三さんが書いた日記。２行目に「寺がわからずそのまま帰宅」とある。

健康に気を付けていた。

耕三さんは元会社員。50代後半で体調を崩した妻の看病を約10年間続け、最期をみとった。その後も家事や炊事を自分でこなした。年齢を重ねても「いざとなったら老人ホームに入るんや」と周囲に話し、候補の施設を自分で探すほどで、しっかりしているように見えたという。

残された日記には、毎朝6時ごろ起床して食事を取り、洗濯や掃除をして、玄関のそばにあるブルーベリーの木に米のとぎ汁を水やりする、普段の暮らしぶりが鉛筆でつづられている。国内や海外の旅行も楽しみ、行方不明になる約1カ月前には長女の陽子さん（58）と2人でオーストラリアに出かけた。

陽子さんは、この旅行の際にトイレに行った耕三さんがなかなか戻らず、以前より無表情で言葉数も少なかったことが気になっていた。行方不明

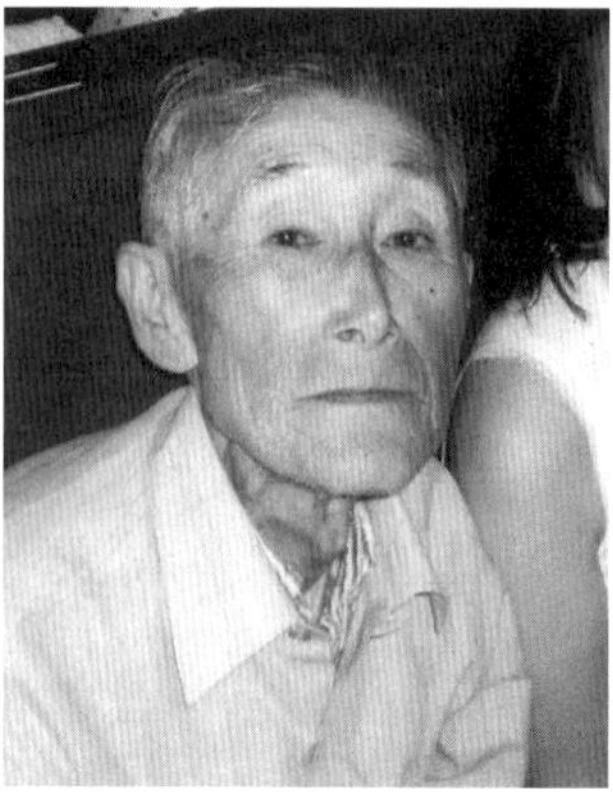

行方不明になる１カ月前に娘とオーストラリア旅行をした時の耕三さん。耕三さんは身長 150 センチ程度、痩せていて猫背

後、行き先のヒントを探して日記を開くと、いなくなる2日前の記載に「寺がわからずそのまま帰宅」とあった。寺は自宅から2キロほどの場所にあり、耕三さんは通い慣れた場所だ。通常ならたどり着けないはずはない。陽子さんは、病院での診断はないが「認知症になり、道が分からなくなっていたんだ」と確信した。

行方不明になった日も同じ寺に向かうことを示す記載があった。出かける前に庭の掃除をする内容で日記は終わっているが、寺によると耕三さんの訪問はなかったという。届け出た警察にも目撃情報は寄せられていない。

「父はずっと健康に気を付けていた。急にいなくなり、見つからないなんて考えたこともなかった」。陽子さんは肩を落とした。

（２０１４年５月29日朝刊）

家族に会いたい
――埼玉・18年前保護の男性

18年前に埼玉県狭山市の路上で保護され、身元が分からないまま市内の特別養護老人ホーム「さやま苑《えん》」で暮らしている認知症の男性が（２０１４年５月）28日、毎日新聞の取材に応じた。「家族に会いたいですか」と尋ねると「うん」と答え、「何が好きで

老人ホームで談笑するショウキチさん

保護当時のショウキチさん（狭山市提供）

すか」との問いには、「花」と答えた。男性は保護当時「ノムラショウキチ」と名乗っていた。入所当時は上半身の筋肉が発達し、よく荷物運びを手伝ってくれた。１９９６年10月22日午後1時半ごろ、同市青柳の氷川神社近くの路上に倒れていたところを発見された。

（２０１４年５月29日朝刊）

盛岡の72歳女性、京都で保護

京都府警右京署は（２０１４年５月）28日、盛岡市で暮らす認知症の女性（72）を27日に京都市内で保護し、盛岡市に送り届けたと発表した。

右京署によると、27日午前9時40分ごろ、京都市右京区嵯峨天龍寺芒ノ馬場町の妙智院の境内で、落ち着かない様子の高齢女性を寺の職員が発見。女性は自分の名前を言ったが、「ここに何時ごろ来たか分からない」などとあいまいな言動があり、職員が交番に連絡した。同署が女性が持っていた住民基本台帳カードの情報を基に盛岡市に連絡し、同市内で暮らす認知症の女性と判明。右京署員が27日夜、盛岡市まで送り届けた。

（２０１４年５月29日朝刊）

都道府県、認知症保護「調査」57％

身元不明者、実態解明遅れ

認知症などの疑いで行方不明になり身元不明のまま保護された人について、47都道府県に人数などを調査しているか尋ねたところ、調査実施は27

都道県と57％にとどまることが分かった。把握された身元不明者は6人だが、毎日新聞が（２０１４年）4月までに政令市など74自治体に尋ねた際は5人で、多くは重なっている。専門家は、実態解明には行政による調査や検証が急務と指摘している。

認知症の身元不明者を巡る問題は、大阪市で保護され2年以上仮名で暮らす男性について毎日新聞が4月に報じて顕在化した。男性は兵庫県の74歳と判明して家族と再会。その後も群馬県館林市で7年前に保護された女性が東京都台東区の67歳と判明した。こうしたことから埼玉県は独自に県内各市町村に問い合わせ、18年前に狭山市で保護された認知症の男性ら2人（このうち9年前に日高市で保護された女性は全生活史健忘症）が今も身元不明という調査結果を5月27日に公表した。

これを受け毎日新聞は28～30日、全都道府県に対し、身元不明者の数や状況について各市区町村に調査したかを尋ねた。調査を終えていたのは栃木、埼玉、新潟、石川、三重、島根、高知の7県で、埼玉以外に身元不明者は確認されなかった。

調査実施中は北海道、青森、山形、福島、茨城、群馬、千葉、東京、神奈川、富山、山梨、岐阜、静岡、愛知、奈良、和歌山、広島、福岡、熊本、大分の20都道県。広島は認知症に限定せず身元不明のまま保護されている人の有無を尋ね、福岡は市町村のほか高齢者施設にも照会したという。

一方、調査未実施は20府県で、このうち京都と岩手は近く実施予定としている。秋田、福井、鳥取などは生活保護費などの県負担実績を調べて「身元不明者はいない」とするが、市町村への調査をしていない。担当部署すら決まっていない県もあった。

埼玉の２人以外の身元不明者は、東京の３人と神奈川の１人。このうち東京の２人と神奈川の１人は毎日新聞が４月に報じており、これとは別に東京都内で２月に保護された男性がいることを都は５月30日に公表した。東京と神奈川は、他にも身元不明者がいないか調査している。

再発防ぐ仕組みを――認知症介護研究・研修東京センターの永田久美子研究部長の話

自治体によって対応の差が大きい。担当部署さえ決まらず、縦割りの谷間に落ちている場合も少なくない。帰りたいと願う本人、捜し続けている家族がいる。その苦難に思いをはせてほしい。数を把握するだけで終わってはならず、一人でも多くが家や地域に戻れるよう手を尽くすとともに、再発を防ぐ仕組み作りを急ぐべきだ。

（２０１４年６月２日朝刊）

認知症身元不明者の調査状況

北海道	○	
青森県	○	
岩手県	×	
宮城県	×	
秋田県	×	
山形県	○	
福島県	○	
茨城県	○	
栃木県	◎	0
群馬県	○	
埼玉県	◎	2
千葉県	○	
東京都	○	3
神奈川県	○	1
新潟県	◎	0
富山県	○	
石川県	◎	0
福井県	×	
山梨県	○	
長野県	×	
岐阜県	○	
静岡県	○	
愛知県	○	
三重県	◎	0
滋賀県	×	
京都府	×	
大阪府	×	
兵庫県	×	
奈良県	○	
和歌山県	○	
鳥取県	×	
島根県	◎	0
岡山県	×	
広島県	○	
山口県	×	
徳島県	×	
香川県	×	
愛媛県	×	
高知県	◎	0
福岡県	○	
佐賀県	×	
長崎県	×	
熊本県	○	
大分県	○	
宮崎県	×	
鹿児島県	×	
沖縄県	×	

※市区町村への調査について◎=調査済み　○=実施中　×=実施なし
数字は身元不明者の人数

認知症不明者身元探し、自治体で差

都、「個人情報」理由に消極的

認知症の疑いがある身元不明者を巡る問題では、個人情報保護などを理由に身元不明者の詳細な情報を公表しない自治体もある。先駆けとなって独自調査の結果を（2014年）5月27日に発表した埼玉県と、30日に公表した東京都では内容に大きな差異が生じた。詳細な内容を公にした埼玉県の上田清司知事は「当事者が救われて有益なら個人情報保護の面からも問題はない」と強調した。

東京都は身元不明者が都内に3人いることを公表したが、①性別②保護した年月③いずれも入院中――の3項目以外は発表しなかった。その理由を都は「保護した自治体が公表していない個人情報を都の独断で公表していいのか現時点で判断しかねる」と説明。保護した市区町村名すら明らかにしなかった。しかし3人のうち2人は、保護された区名とともに毎日新聞が4月に報じている。

一方、埼玉県は県内で保護された2人の当時の状況や見た目の年齢などを公表。取材と写真撮影も行われた。上田知事は個人情報について「役所が神経質になり過ぎている」と指摘。「それをたてに仕事をしない役人がいる」と憤り、「担当課で判断が難しければトップが判断すればいい」と述べた。

（2014年6月2日朝刊）

認知症不明者、9府県も調査着手

計36都道府県に

認知症などの疑いで保護されたものの身元が不明の人について、新たに9府県が市町村への調査に乗り出したことが分かった。既に調査に着手している27都道県に加え、調査済みや実施中は計36

都道府県になった。

新たに調査を始めたのは岩手、秋田、福井、京都、大阪、徳島、愛媛、佐賀、宮崎の9府県。福井は調査を終え、身元不明者はいなかった。秋田と福井はこれまで、生活保護費の県負担実績などから身元不明者はいないとしていたが、市町村への調査に踏みきった。

認知症の身元不明者を巡る公表内容

東京都
性別
保護した年月
現在の状況（入院中）
埼玉県　※上記に加え
保護した自治体
保護時の状況
推定年齢
自称の氏名
容姿
所持品
電車など保護までの移動手段（本人の話）

また、宮城、長野、滋賀、長崎4県は近く調査予定や準備中などとし、滋賀は特別養護老人ホームや救護施設にも照会するという。

一方、岡山県は「担当する課が決まっていない」としている。

認知症の疑いがある身元不明者を巡っては大阪市で保護され2年以上仮名で暮らしていた男性について毎日新聞が（2014年）4月に報じて顕在化。5月27日には埼玉県が全国に先駆けて独自の調査結果を公表した。これを受け毎日新聞が（5月）28〜30日に47都道府県に尋ねたところ、7県が調査済みで、埼玉県を除き身元不明者はおらず、20都道県が調査中だった。

新たに調査に着手した愛媛県の担当者は「問題がクローズアップされる中、県内の状況把握が必要と考えた」と説明した。（2014年6月3日朝刊）

18年前埼玉・狭山で保護「ショウキチ」さん渋谷の不明男性か

18年前に埼玉県狭山市の路上で保護され、身元が分からないまま同市内の特別養護老人ホームで暮らしている認知症の男性が、行方不明になっている東京都渋谷区の「ノムラショウキチ」さんである可能性が高いことが県などへの取材で分かった。県が先週、男性の情報を公開したところ、親族と名乗る人物から連絡があった。県や市は「身元判明への最有力情報」とみており、近く男性と面会させるなどして確認を急ぐ。

県や市によると、男性が県警狭山署に保護された1996年10月ごろ行方不明になった渋谷区の「ノムラショウキチ」さんの親族と名乗る人物から先週末、県に電話があった。

男性の情報を公開した（2014年）5月27日以降、県には「家族かもしれない」などの問い合わせが30件以上寄せられている。ただ、男性自身が保護された当時、「ノムラショウキチ」と名乗っていたことから、県と市は「複数の有力情報の中でも、今回は特に（身元判明につながる）可能性が高い」とみており、身元確認に向け、近く男性との面会など本格的な調査に入る。

県高齢介護課は「親族と思われる人物の意向を尊重しながら、市と連携して慎重に確認を進めたい」と話している。

（2014年6月3日夕刊）

認知症などで保護、身元不明 京都11人、鎌倉でも

京都府と京都市は（2014年6月）4日、認知症などにより府内で保護され、その後も身元不明の男女が計11人（推定40〜75歳）いると発表した。

鎌倉市で保護された女性

うち7人は府内外の病院や福祉施設に入り、4人は自宅で暮らしている。全員が生活保護を受給しているという。

府によると、60歳とみられる女性は1996年8月、亀岡市内で保護された。統合失調症で現在も府内の病院に入院している。65歳とみられる男性は2007年7月、宇治市内の神社の境内で倒れているところを保護され、認知症で大阪府内の病院に入院中。73歳とみられる男性は11年11月に長岡京市で交通事故に遭い、記憶喪失で大阪市内の福祉施設に入所している。

京都市によると、市内で保護されたのは男性5人と女性3人。

また神奈川県は4日、同県鎌倉市で保護された60代とみられる女性が、身元の分からないまま約4年間、養護老人ホームで生活していると発表した。

女性は2010年4月19日午後8時過ぎ、同市の江ノ島電鉄稲村ケ崎駅から裸足で電車に乗り、保護された。認知症ではなく、過去のすべてや一部を思い出せなくなる「解離性健忘」と診断された。

（2014年6月5日朝刊）

認知症不明者の確認強化

照会項目増やし、警察庁通達

認知症が原因で行方不明になる人が相次いでいる問題で、警察庁は（２０１４年６月）５日、捜査の現場で活用されている身元確認照会システムを状況に応じて使うことや自治体との連携強化を求める通達を各都道府県警に出した。警察庁が認知症に特化した総合的な通達を出すのは初めて。

昨年の自治体引き渡し１５７人、13人身元判明せず

２０１３年に警察で保護して自治体に引き渡した人数は１５７人で、このうち今年５月末時点で13人の身元が判明していないことも明らかにした。

警察庁によると、13年に認知症で行方不明になったとして届けがあった人数は１万３２２人で、前年より７１５人（７・４％）増加した。認知症のため、保護されても名前が分からず身元が判明しないケースもあり、関係者から対応の見直しを求める声が上がっていた。

通達によると、全国の警察をつなぐ従来の行方不明者照会システムでも身元が判明しない場合、捜査現場で身元不明遺体の照合用に使われている身元確認照会システムを活用することを求めた。着衣や写真資料など入力項目が15から28に増えるため、名前が分からなくても身元が判明する可能性が高まるとみられる。

各警察本部が署任せにせず近隣県警への照会（迷い人照会）作業に関与することも明記。親族らが希望すれば行方不明者の顔写真などをインターネットで公表することも検討する。また、警察による保護期間（24時間）以降も、行方不明者の引き継ぎ先の市町村と連絡を取ることを改めて求めた。保護している市町村側が希望した場合、顔

2013年に認知症で行方不明になったとして各警察本部に届け出があった人数（警察庁調べ）

北海道	230	石川県	81	岡山県	255
青森県	28	福井県	79	広島県	259
岩手県	53	山梨県	17	山口県	102
宮城県	100	長野県	129	徳島県	91
秋田県	62	岐阜県	280	香川県	88
山形県	120	静岡県	113	愛媛県	141
福島県	168	愛知県	811	高知県	46
茨城県	364	三重県	128	福岡県	279
栃木県	135	滋賀県	102	佐賀県	52
群馬県	184	京都府	411	長崎県	36
埼玉県	179	大阪府	2114	熊本県	180
千葉県	233	兵庫県	1308	大分県	52
東京都	308	奈良県	187	宮崎県	47
神奈川県	199	和歌山県	23	鹿児島県	65
新潟県	159	鳥取県	7	沖縄県	94
富山県	197	島根県	26	合　計	10322

※（注）一部は受理手続きの方法が異なっている

写真などを添えた閲覧用資料も警察本部などに備え付ける。

警察庁によると、行方不明者の届けが出た認知症の人のうち13年中に所在が確認されたのは1万180人。内訳は、▽警察が発見6045人▽帰宅などで確認3464人▽死亡388人――などだった。全体の97・7%は1週間以内に確認された一方、32人は2年以上かかっていた。

認知症の行方不明者を巡る問題は毎日新聞が1月から報じた。2年以上仮名で暮らす男性の存在が本紙報道で明らかになり、身元不明者の問題が顕在化していた。

（2014年6月5日夕刊）

家族「捜す力に」
――認知症不明、警察庁が対策強化

行方不明になる認知症の人が相次ぎ、長期間身

元が分からない人もいる問題で、警察庁が新たな対策に乗り出すことになった。制度改善を求めてきた当事者から評価の声が上がる一方、過去の対策で十分機能しなかったケースもあることなどから、実効性を懸念する意見もあった。

「不明者の情報、もっと公表を」

警察庁が新たに出す通達には、保護されている身元不明者の写真付き資料を警察本部などに備え付けることが明記される。

行方不明者届を出した家族は、この資料を閲覧できるようになる。

13年前に行方不明になった父親を捜し続けている徳島市の庄司しげみさん（65）は「ずっと必要と願い続けてきたことでうれしい。身元不明の遺体リストを閲覧する時に、生きて保護された人のリストが欲しいと警察に話してきたが、動いてもらえなかった。家族にとってどれだけ力になるか」と語る。

ただし、身元不明者の資料が警察本部に置かれるためには「（保護を担当する）自治体などの要請に基づき」との前提がある。各地の身元不明者の情報を閲覧できるようになるかは不透明な部分があり、庄司さんは「自治体も協力して家族に情報を公開してほしい」と訴えた。

実効性の確保必要

「認知症の人と家族の会」の高見国生代表理事は、警察と自治体の連携強化が前進することを評価する。「長期間身元不明の人がいた今回の問題で、両者の連携が不十分なことを初めて知った。警察が自治体に引き継いだ後が大切で、実効性のある連携をしてほしい」と求める。

個人情報保護への過剰な対応が情報の共有を妨

げている問題にも触れ、「警察も行政も人命に関わる情報はもっとやり取りをすべきだ。家族側も隠す必要はなく、行方不明者の情報をもっと公表した方がいい」と述べた。

認知症介護研究・研修東京センターの永田久美子研究部長は「１９９５年に警察庁が自治体や民間と行方不明者の情報を共有する仕組みの構築に向けた通達を出して以来の重要な一歩だ。形骸化した点や現場の実情に合わない点を検証し、本人と家族の本当の安心につながる仕組み作りを進めることが急務だ」と話した。（２０１４年6月5日夕刊）

認知症男性、野村正吉さんと判明 親族「一目で分かった」

18年前、埼玉・狭山で保護

18年前に埼玉県狭山市の路上で保護され、身元不明のまま同市内の特別養護老人ホームで暮らす認知症の男性について、同県高齢介護課は（２０１４年6月）５日、東京都渋谷区の野村正吉さん（82）と判明したと発表した。狭山市内で同日、親族数人と面会し、本人と確認された。今後について同課では、「市や親族と相談し、最良の方法を考えたい」としている。

同課によると、５日午後に野村さんと対面した親族は「一目見て分かった」などと話し、野村さんは終始笑顔だった。親族が持参した昔の写真などから、同課は「野村さんに間違いない」と判断。親族は「(再会を)諦《あきら》めていたが、元気そうで安心した」と話し、保護される前の状況を、「１人で散歩に出掛けて、帰ってこなかった。翌日、最寄りの警察署に届け出た」と説明したという。

２００７年に群馬県で保護された東京都の女性

が今年（２０１４）５月に家族と再会したのを受け、埼玉県が独自に県内市町村に照会。野村さんが18年間、身元不明のままになっていることが分かり、県や狭山市が先月末、本人が「ノムラショウキチ」と名乗っていることなどを公表した。

その後、親族らから県に「一緒に住んでいた正吉かもしれない」との情報が寄せられていた。

行政・警察
連携不足、照会に不備

野村さんの名前は保護された当初、呼び方にばらつきがあったが、埼玉県狭山市が１９９７年11月時点で「ショウキチ」と統一していたことが分かった。しかし、県が同年２月に「ショウシチ」で照会したのを最後に、市や県が他自治体などに照会し直すことはなく、警察に統一したことも伝えていなかった。警察庁のシステムには96年の保護当時から「野村正吉」で登録されており、行政や警察の連携不足で身元判明の機会を逸した可能性が浮上した。

野村さんは同年10月22日に同市内で倒れていたところを警察に保護され、市内の病院に入院。同市が11月11日に行った面接の記録には「ショウキチ」とあるが、「発音が不明瞭なので聞き取りにくく『ソウキチ』『ソウシチ』の可能性もある」とも記されている。

一方、市（96年12月）や県（97年２月）が東京都内の福祉事務所や各都道府県に情報提供を依頼した際、書類には「自称ショウシチ」と記載。市は「名前をショウキチに統一した97年11月１日以後、警察に照会し直した記録はない」としている。野村さんの親族から届けを受け、警視庁は96年10月21日に警察庁の行方不明者データベースに「正吉」と登録。埼玉の不明者の名前を「ショウキチ」と統一した事実が警察に伝われば、行方不明から1年後には身元が特定できた可能性が高い。警察に情報が伝わらなかった理由について市の担当者は「推測だが、認知症で不正確な場合があるとの前提で、警察も似た名前を探してくれていると（当時の市担当者が）考えたのではないか」と話した。

一方、96年10月の保護直後に埼玉県警が正確な名前で警察庁データに照会すればその時点で身元が判明した可能性もあるが、同県警は「当時の記録が残っておらず、照会したかどうかも含めて分からない」としている。

県高齢介護課の江森光芳課長は、97年2月以降、身元照会しなかったことについて「反省点はある。今後は定期的、継続的な照会をやっていきたい」と話している。

（2014年6月6日朝刊）

所在未確認258人
12～13年、行方不明者届

認知症が原因で行方不明になる人が相次いでいる問題で、警察庁は（2014年6月）5日、2012～13年に行方不明者届が出された人のうち、今年（2014）4月末までに死亡の可能性も含めて所在が確認されていない人が計258人に上ることを明らかにした。全国の警察をつなぐ従来の行方不明者照会システムで身元が判明しない場合には、身元不明遺体の照合に活用されている身元確認照会システムを使うことなどを求める通達も各都道府県警に出し、行方不明者の発見や保護への対策を強化する。

警察庁が認知症に特化した総合的な通達を出すのは初めて。同庁によると、13年に認知症で行方不明になったとして届けがあったのは1万322

人（男性５７４７人、女性４５７５人）で統計を取り始めた12年の９６０７人から7・4％増加した。

いずれの年も約97〜98％は１週間以内に所在が確認されたが、今年４月末時点でも確認されない人が12年受理分が１０７人、13年受理分が１５１人に上っていた。大半は警察や家族が発見したり自ら帰宅したりしていたが、死亡して確認されるケースもあり、12年は３５９人、13年は３８８人に上った。

（２０１４年６月６日朝刊）

認知症不明者身元照会、連携へ着手——厚労相方針

自治体間で情報共有

認知症のため行方不明になり長期間身元が分からない人がいる問題で、田村憲久厚生労働相は（２０１４年６月）６日、自治体間などで情報共有して身元照会できるシステムを作る考えを示した。警察庁を含む関係省庁と協議する方針で、省庁をまたぐ対策にようやく着手することになった。

田村厚労相は記者会見で「行方不明者が見つかった場合、他の自治体で捜索している方々にうまくマッチングできる仕組みを作らなければならない」と述べた。同省によると、自治体間や自治体と警察間で情報共有できるシステム作りを目指すものの、具体的な検討はこれから。既に各都道府県が身元不明者の独自調査を進めているが、同省は来週中にも都道府県に調査を依頼し、回答結果をシステム作りの参考にする。

認知症の身元不明者を巡る問題では、４〜６月に顔写真や映像が新聞やテレビで報道された男女３人の身元が判明したが、保護から身元判明までの期間は２〜18年にも及んだ。３人はいずれも家族から警察に行方不明者届が提出され、うち２人

は衣類への氏名記載や本人が本名を名乗るなど身元判明につながる材料もあり、自治体や施設、警察が正しく情報を共有していれば、早期に身元が判明していた可能性が高い。

警察庁は、保護を引き継いだ自治体や施設が身元判明につながる情報を得た時は警察に連絡するよう依頼することなど、連携強化を図る通達を5日に出している。

（2014年6月7日朝刊）

78歳、身元判明に1年
軽装、警察「遠方」調べず

報道で再調査

記憶障害の疑いで昨年（2013）6月に松山市で保護された高齢男性について、警察が近隣署にのみ照会して身元不明とし、今年（2014）4月に男性の存在が報じられた後で再調査したところ、5月に身元が判明していたことが分かった。男性が軽装だったことなどから当初、警察は近隣住民と判断したが、実際は遠方に住み、身元判明まで1年近くかかった。遠方まで出歩くケースは認知症でもみられ、こうした特性を考慮して認知症の行方不明者に対応するよう警察庁は（6月）5日、全国に通達した。

愛媛県警松山東署などによると、男性は昨年6月29日昼ごろ、松山市内の交番に座っていたところをパトロールから戻った警察官に保護された。「私は誰ですか？　家はどこですか？」と話し、記憶障害があるとみられ、氏名や住所が分かる所持品はなかった。

男性がポロシャツにサンダル履きの軽装で歩調もあまり確かでなかったことなどから同署は近隣住民と判断。行方不明者届が出ていないかを調べる「迷い人照会」を市内の他の2署にしか出さず、該当者がいなかったことから身元不明とし、松山市に保護を引き継いだ。男性はその後、仮名を付けられ市内の老人施設で過ごし、昨年10月以降は脳梗塞《こうそく》で病院に入院している。

しかし、今年4月19日に毎日新聞が大阪市で身元不明のまま保護されている男性について報じ、松山市の男性の存在も22日に報道。大阪市の男性の身元が判明したことをきっかけに、県警が県内の身元不明者の再調査を指示した。松山東署員が5月、男性が入院する病院を訪ねたところ、仮名とは異なる氏名を語っていたことを病院側から聞き、調べてみると、その氏名は本名で身元が判明した。

男性は県東部に住む78歳で、行方不明者届は保護の4日前に同居の知人女性が最寄りの警察署に出していた。男性の自宅から保護された場所まで70キロ以上あるが、行方不明者届には写真が添付されており、保護時に松山東署が県内全域に照会していれば、すぐに身元が判明していた可能性が高い。同署の白田《しらた》英樹副署長は「どこまで照会するかの判断は難しいが、今後の教訓にしたい」と話す。

また、男性が病院側に本名を語った時期は不明だが、市や警察に情報が速やかに伝わっていれば、その時点で身元が判明したとみられる。市は警察から身元判明の連絡を受けるまで本名を把握しておらず、男性が入院した昨年10月以降、面会していなかった。市高齢福祉課の担当者は「施設や病院との連携をより深めたい」と話している。

（2014年6月10日朝刊）

静岡県、身元不明3人の顔写真など公開

認知症などが原因で行方不明になる人が相次いでいる問題で、静岡県は（2014年6月）10日、県内の福祉施設などに入所する身元不明の男女8人（推定30〜80代）のうち、了承を得た3人の顔写真など手掛かりとなる情報を県ホームページで公開した。

3人は▽東伊豆町の施設で暮らす「釣り好き」という推定70代の女性▽富士宮市の施設に入所している同50代の男性▽下田市で入院中の同30代の男性。Tシャツに「昭」と書かれていたという。8人は、認知症2人▽記憶喪失4人▽統合失調症1人▽不明1人。2002年12月〜今年4月に県内などで保護されていた。（2014年6月11日朝刊）

認知症の行動、厚労省研究へ

不明や事故防止

認知症のため行方不明になり長期間身元が分からない人がいる問題で、田村憲久厚生労働相は（2014年6月）10日の記者会見で「徘徊《はいかい》などの行動パターンが研究できるようなデータも（自治体から）いただければありがたい」と述べ、専門家による本格的な研究に乗り出したい考えを明らかにした。行方不明や列車事故の防止に役立てる。（2014年6月11日朝刊）

「大切な人」帰宅待つ
4月末時点、258人行方不明

父よ、母よ、今どこにいますか——。認知症の疑いがある人が行方不明になる問題で、2012、

13年の2年間に行方不明者届が出され、今年（2014）4月末時点で行方が分からない人は258人にのぼる。大切な人の帰宅を待つ和歌山と秋田の家族が祈る思いを語った。

数年前から認知症――和歌山・貴虎登美子さん

和歌山県日高町の貴虎《きとら》登美子さん（77）は2年前の8月17日夕、自転車で自宅を出たまま戻っていない。近所の2軒の人とあいさつを交わした後の足取りは不明だ。

登美子さんは得意の洋裁で家族の洋服づくりも手がけ、のちに町教育長も務めた夫の律夫《のりお》さん（2011年死去）を支えて娘2人を育て上げた。数年前から物忘れがありアルツハイマー病と診断された後も、長女の谷村淑子さん（54）、次女の貴虎江利さん（51）ら家族に支えられ、コンサートやドライブを楽しんだ。仲間と趣味のコーラスも続け、穏やかな暮らしが続いていた。

登美子さんは自転車で買い物に行くことが日課で、道に迷ったことはなかった。家族はあの日も買い物に行ったと思っていたが、近所の人の話から スーパーと反対方向に向かったことを知る。淑子さんは「戻ってきた時に安心できるよう元気に過ごさなければと思っています」と語った。

日記変化、大ざっぱに――秋田・男性

秋田県の男性（77）は昨年（2013）12月19日午後3時半ごろ、近所の理髪店を出た後、行方が分からなくなった。

認知症との診断は受けていなかったが、行方不明後、長女（46）らは、父が5日前にも道に迷い保護されていたことを警察から聞いて初めて知った。店で「老人会に間に合わない」と急いでいたというが、その会は数日前に終わっている。きち

家族旅行で夫とそばを食べる貴虎登美子さん（右：家族提供）

ょうめんに付けていた日記も大ざっぱな内容に変化していた。家族は認知症が原因で行方不明になったと考えている。

あの日の午後8〜9時ごろ、10キロほど離れた体育館の駐車場でトラックの窓をノックする男性がいた。「電車に乗らねばならない」。道を問われた運転手はバス停を教えたが、男性が反対方向に歩き出したため慌てて止めたという。行方不明になった男性の可能性があるこうした情報は複数あるが、いまだ行方は分からない。

妻（72）は「突然だった。どうしたらいいのか」とショックを隠せずにいる。「パパ帰らず」。妻が日記代わりに使うカレンダーはそんな文字が並んでいた。

家族は施設に保護されている人の情報を自治体に尋ねるなど、男性を捜し続けている。長女は「父を見つけたい」と強く願う。

秋田で行方不明になった男性（家族提供）

貴虎さんは身長155センチ、金縁の眼鏡、腰は少し曲がっている。行方不明時の着衣や所持品は白の帽子、花柄ベージュ色のブラウスに黒いズボン、黒い手提げカバン。本体が白で、黒いかごの自転車に乗っていた。

秋田の男性は身長177〜178センチ、白髪でがっちりした体形。紺の帽子にベージュグレーのジャンパー、黒のスラックス、紺のシューズ。

（2014年6月14日朝刊）

千葉県内保護の身元不明高齢者6人公開

千葉県は（2014年6月）13日、2001年から12年にかけて県内で保護された身元不明の高齢者が6人に上ることを明らかにし、保護時の状況や顔写真をホームページで公開した。全員男性で、認知症とみられる症状や記憶喪失のため身元が分からず、老人ホームなどで約13年間暮らしている人もいた。県は「市町村と協力して家族の元に戻れるようにしたい」と情報提供を呼びかけている。

県高齢者福祉課が県内54市町村に照会したところ、松戸市で2人、富津、八街、野田、南房総の4市で各1人が保護されていた。

松戸市で保護されたのは①10年3月に「柴田成導」と記された運動靴を履いていた男性②11年4月に松戸駅でTSUTAYAのカードを所持していた男性――の2人。いずれも認知症とみられる。

2010年3月に松戸市で保護された男性

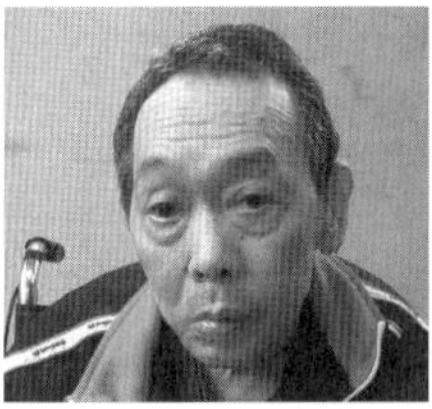
2009年8月に富津市の富津公園で保護された男性

2011年4月に松戸駅で保護された男性

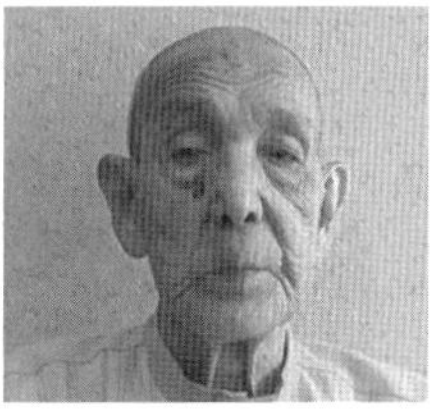
2001年4月に南房総市で見つかった男性

南房総市（当時白浜町）は「1922年1月生まれ」を自称する記憶喪失の男性。茨城県内で身元不明のまま保護され生活保護を受給していたが、行方が分からなくなり、01年4月に旧白浜町で保護された。

各市は身元不明者として警察に届けている。

（2014年6月14日朝刊）

＊2014年11月末までに、八街市と野田市で保護された男性2人の身元が判明している。

身元不明保護57人、認知症疑いは11人
——12都府県で判明

認知症などの疑いで身元不明のまま保護されて施設などで暮らす人が全国で少なくとも57人いることが分かった。各都道府県による独自調査の結果を毎日新聞がまとめた。独自調査をしなかった2県を除き38道府県が調査を終える一方、調査中が7都県あり、人数は今後増える可能性がある。

身元不明者がいたのは12都府県。東京都は3人いることを公表後も調査中だ。

認知症などの身元不明者の調査状況

北海道	◎	0
青森県	◎	0
岩手県	○	
宮城県	◎	0
秋田県	◎	0
山形県	◎	0
福島県	◎	0
茨城県	◎	0
栃木県	◎	0
群馬県	◎	0
埼玉県	◎	1
千葉県	◎	6
東京都	○	3
神奈川県	◎	2
新潟県	◎	0
富山県	◎	0

石川県	◎	0
福井県	◎	0
山梨県	◎	0
長野県	◎	0
岐阜県	◎	0
静岡県	◎	8
愛知県	◎	0
三重県	◎	0
滋賀県	◎	1
京都府	◎	11
大阪府	◎	6
兵庫県	○	
奈良県	○	
和歌山県	◎	0
鳥取県	◎	0
島根県	◎	0

岡山県	◎	1
広島県	◎	13
山口県	○	
徳島県	◎	0
香川県	×	
愛媛県	◎	2
高知県	◎	0
福岡県	○	
佐賀県	◎	0
長崎県	◎	0
熊本県	◎	0
大分県	◎	3
宮崎県	◎	0
鹿児島県	○	
沖縄県	×	

※市区町村への調査について◎=実施済み　○=実施中　×=実施なし
数字は身元不明者の人数。認知症以外も含む

57人のうち認知症の疑いがあるのは11人。このうち1999年9月に東京都港区で保護され静岡県小山町の施設で暮らす推定80代の男性は約15年間、身元不明のまま。松山市では2004年2月に保護された同60代の女性が10年以上、身元不明の状態だ。同市には07年6月に保護された80〜90代とみられる女性もいる。

（2014年6月）13日に千葉県が公表した6人中5人は認知症とみられ、保護期間は1年半〜4年10カ月。この他、11年9月に横浜市で保護された推定70代の女性▽12年2月に静岡県富士市で保護された同80代の男性▽13年12月に京都市で保護された同68歳の男性――に認知症の疑いがあり、身元が分からない。

認知症以外では記憶障害や統合失調症とみられる人などがいる一方、症状や原因が特定されていない人も多かった。身元不明者が13人の広島や11

人の京都は、行政の支援を受けて在宅生活を送る認知症以外の人も含む。

香川と沖縄は10日に依頼された厚生労働省の全国調査に合わせて調べる。（2014年6月15日朝刊）

【クローズアップ2014】進む高齢化、遅れる意識 身元不明なぜ続く

認知症の疑いがある人が保護されて身元不明のまま置かれた問題は、行方不明者との照合システムや警察と自治体間の連携の弱さをあらわにした。超高齢社会が到来しながら法令などは未整備のままで、縦割り行政の弊害や当事者意識の乏しさもうかがえる。警察庁と厚生労働省は対策や調査に乗り出した。

警察、照合でミス

認知症の身元不明者問題は、大阪市で保護され2年以上も「太郎」という仮名で施設で暮らしていた男性の存在を毎日新聞が（2014年）4月に報じて顕在化した。男性は兵庫県の74歳と分かり、家族と再会。その後、群馬県館林市と埼玉県狭山市、松山市でそれぞれ保護されていた高齢の男女3人の身元が、報道や自治体の公表などをきっかけに判明した。

4人の家族や知人はいずれも行方不明になってからほどなく、自宅近くの警察署に「行方不明者届」を出していた。だが、身元判明まで10カ月〜17年7カ月の年月がかかり、報道や自治体の公表などがなければ身元不明のまま亡くなっていた可能性もある。

警察は国家公安委員会規則などの定めにより、認知症などによる「迷い人」を保護すれば本人の

話や持ち物などから手がかりを探し、該当する行方不明者届がないか確認することになっている。氏名が分かる場合は、全国の行方不明者届が登録された警察庁データベースを使って届け出の有無を検索できる。

館林市の女性は、靴下に名字、下着に名前が書かれていた。だが群馬県警は約6年間、その名字の記載を知らず、名前は間違って認識していた。狭山市の男性は発音が不明瞭ながらも正しい氏名を話していたが、埼玉県警に伝わらなかった。どちらのケースも氏名という確実な情報を活用できず、提出されていた行方不明者届と合致できなかった。

一方、大阪市の男性は氏名が分からなかった。警察庁のデータベースは氏名不詳では事実上、検索できない。このため、氏名が分からない場合は保護した警察署が性別や写真、身体的特徴などをまとめた「迷い人照会書」を他の警察署などに送り、それぞれの管内の行方不明者届との照合を依頼している。

大阪市の男性については、大阪府警から迷い人照会書を受けた兵庫県警が、家族から提出されていた男性の行方不明者届と照合できなかった。いずれの書類にも写真が添付されていたのに、突き合わせた際に見過ごしたとみられる。他の県警では氏名が分からなくてもパソコンで管内の行方不明者届と照合できる独自システムを持っている所もあるが、兵庫県警は手作業で照合作業を行っていた。

松山市のケースは、男性を保護した愛媛県警松山東署が近隣2署にしか照会しなかった。実際は約70キロ離れた同県東部に住む男性だったため、4月の毎日新聞報道をきっかけに県警の再調査が行われるまで身元不明が続いた。

報道などをきっかけに身元が判明した人たち

身元が分かった人（年齢） ◆保護場所 ◇身元判明までの期間	身元が判明しなかった主な原因
兵庫県の男性（74） ◆大阪市 ◇２年１カ月	兵庫県警が行方不明者届と迷い人照会書の照合を手作業で行い見落とす
東京都台東区の女性（67） ◆群馬県館林市 ◇６年６カ月	群馬県警が衣服に書かれていた名字を把握しておらず、迷い人照会で名字を記載できなかった上、名前も「ミエコ」を「エミコ」と誤記
東京都渋谷区の男性（82） ◆埼玉県狭山市 ◇17年７カ月	保護当初、発音不明瞭なためばらつきがあった呼び方を約１年後に狭山市が「ショウキチ」と統一したが、埼玉県警には伝えず
愛媛県東部の男性（78） ◆松山市 ◇10カ月	愛媛県警松山東署が市内の他２署にしか迷い人照会をせず。病院で本名を名乗ったことがあったが、市も警察も把握できず

※年齢は身元判明時

自治体との連携弱く

警察と自治体の連携も課題に挙げられる。警察は法令上、24時間を超え身元不明者を保護できない。期限内に分からなければ自治体が引き継ぎ、施設などに入所させる。身元を捜す法令や規定はない。

このため保護から24時間を超えると身元を捜す主体組織すら定まっていない。「警察の仕事としては自治体に引き継いだ時点で一区切り。その後の身元捜しは法令上の責務ではない」と語る警察幹部がいる一方、自治体側からは「市町村は行方不明者届などの情報を持たない。身元を捜すのは警察の仕事」との声も漏れる。

埼玉県狭山市のケースは、こうした警察と自治体の谷間に落ちこんだ典型例だ。男性は氏名を話したものの、発音が不明瞭で、１９９６年10月の保護当初は呼び方にばらつきがあった。狭山市は

97年11月時点で氏名を統一。この氏名が本名だったが、その後、市や県は他の自治体に照会し直すことはなかった上、埼玉県警にも伝えず、長年にわたり情報は共有されなかった。

警察庁が全国の警察に通達した認知症の身元不明者対策には「引き継ぎ先との連携」という項目を設置。「氏名など身元判明につながる情報が得られた場合は警察に連絡するよう依頼する」こと

認知症の行方不明・身元不明者問題を巡る経緯

2014年

1月

- 29日　2012年に認知症の疑いで行方不明になり死亡や未発見の人が578人に上ると毎日新聞が調査報道。警察庁が13年に公表した12年の行方不明9607人の詳細を報じる

4月

- 19日　大阪市で約2年前に保護され身元不明のまま「太郎」という仮名で暮らす男性の存在を毎日新聞が報道
- 22日　認知症などの疑いで警察に保護された高齢者らの身元が分からず自治体が介護施設などに入所させた「緊急一時保護」が過去6年間に少なくとも546人いたことを毎日新聞が報道。松山市で13年に保護された身元不明男性の存在も報じる
- 23日　田村憲久厚生労働相が身元不明者の実態把握のため全国調査の実施を表明
- 27日　「太郎」さんの身元が判明し家族と再会

5月

- 11日　群馬県館林市で約7年前に保護された身元不明女性をNHKが報道
- 12日　館林市の女性の身元が判明し家族と再会
- 13日　古屋圭司国家公安委員長が身元不明者問題で警察の対応を見直す方針を表明
- 27日　埼玉県が独自調査し狭山市で約18年前に保護された身元不明男性らの存在を公表

6月

- 5日　警察庁が自治体との連携強化など盛り込んだ認知症の行方不明・身元不明者の初の総合対策を全国の警察に通達
  狭山市の男性の身元が判明し家族と再会
- 6日　田村厚労相が自治体間などで情報共有して身元照会ができるシステム作りを表明
- 10日　厚労省が全都道府県に実態調査を依頼
  松山市の男性の身元が報道をきっかけに判明したことを毎日新聞が報じる

を明記した。
一方、行方不明になった身内を捜す家族が病院や自治体に身元不明者の情報を尋ねても「個人情報」を理由に応じてもらえない問題もある。警察庁の通達は「身元不明者の写真付き資料（身元不明者リスト）を警察本部などに備え付け行方不明者届を出した家族らが閲覧できるようにする」ことも明記した。リストは家族が待ち望んだものだが、備え付けには「（身元不明者を保護する）市町村の要請に基づき」とのただし書きがあり、ここでも警察と自治体の連携は不可欠だ。ある県警の幹部は、田村憲久厚生労働相が会見などで他省庁や地方自治体との情報共有などの検討に言及したことに期待し「警察と自治体の連携策をもっと明確に定める必要がある」と語った。

（２０１４年６月15日朝刊）

【質問なるほドリ】迷ったお年寄り見たら？――回答・山田泰蔵

ゆっくり穏やかに声掛けて、体調問題なければ110番を

なるほドリ　行方不明になる認知症のお年寄りがたくさんいるんだって？

記者　警察庁のまとめでは、２０１３年に認知症の疑いがあって行方不明になったと警察署に届け出られた人は１万３２２人に上ります。大半は無事発見されたり帰宅が確認されたりしていますが、同年中に以前の届け出分も含めて３８８人が遺体で見つかっているんです。

Q　大変な数だね。何か助けになれないかな。道に迷っているお年寄りを見つけたらどうしたらいいの？

A　普段から、そういう気持ちで見守ることができるといいですね。というのも、道が分からなく

なってさまよっている認知症の人は、一見、普通に散歩している人との区別がつかないこともあります。まずは気づいてあげることが大事です。

Q　どうしたら気づけるかな？

A　いくつかポイントがあります。落ち着きなく周りを見回したり、同じ場所を何度もうろうろしたりします。季節外れの服装だったり、不ぞろいの靴を履いていたりすることもあります。

Q　どう声を掛けたらいいの？

A　自分がどこにいるか分からず、不安や疲れを感じていることもあるので、近づくのも声を掛けるのもゆっくり穏やかに。目線を合わせてあいさつし「何かお困りですか」などと優しく尋ねるといいですね。本人の自尊心に配慮することも大切です。

Q　自尊心に配慮ってどういうこと？

A　認知症の人は目的もなく歩き回っているわけではありません。「故郷に戻りたい」「買い物に行かなくては」などの思いがあったりします。「何も分かっていない人」と決めつけて叱るような言葉を使ったり、あきれた顔を見せたりすると、混乱や不安でますます孤立させてしまいます。長い時間、外にいたかもしれないので飲み物も勧めながら、ゆっくり話をしたいですね。

Q　どこに連絡すればいいかな？

A　体調に問題がなさそうであれば、警察に110番通報するのが確実です。自宅など連絡先を書いたものを身につけていることもあるので、不安をあおらない程度に確認してみてください。周りの人のちょっとした理解と手助けで認知症の人は地域で安心して暮らすことができます。そうした地域をみんなでつくっていきたいですね。

（2014年6月15日朝刊）

病死、身元照合に載らず 警察・自治体、連携規定なく

認知症の疑いで保護された身元不明男性の病院での死亡を横浜市が警察に通報せず、身元照合に使われる警察の遺体データベースに男性の情報が登録されていないことが分かった。病死の際に自治体と警察の間で情報共有や連携を定めた規定がないことが原因。制度の不備により、男性の行方を捜す家族がいてもデータベースで照合できない。

横浜市や神奈川県警によると、男性は（２０１４年）３月17日未明、横浜市西区で警察官に保護された。90歳ぐらいで身長１４０～１５０センチ。白髪で黒のジャンパーを着て、スニーカーを履いていた。生年月日を尋ねてもあやふやで、認知症の疑いがあった。身元判明につながる所持品はなく、「ハシモトケンゴ」と名乗ったが、行方不明者届に該当者はいなかった。

男性は同日中に横浜市に保護を引き継がれ施設に入ったが、夜に発熱し入院。４月20日に病院で死亡した。法令では不審死などの場合は医師や自治体が警察に通報や届け出をするが、病死の場合は規定がない。このため横浜市は警察への報告は必要ないと判断し遺体を火葬。衣類などは処分された。一方、県警は５月末に、神奈川県や横浜市による身元不明者への対応をまとめた新聞記事で男性の死亡を初めて知ったという。

警察は不審死などによる身元不明の遺体情報を登録するデータベースを持ち、自治体などから報告されれば改めて着衣などを撮影し、指紋や歯型などを登録。その概要を各都道府県警のホームページで公開している。行方不明者を捜す家族らの手がかりになるが、今回は報告がなく、警察が取り扱っていない。

この手続きと別に、自治体は身元不明死亡者の性別や身体的特徴などを官報に公告（掲載）しなければならないが、毎日新聞が取材するまで横浜市は男性の掲載手続きもしていなかった。

横浜市保護課は「警察に遺体のデータベースがあることも知らなかった」という。神奈川県警鑑識課は「警察が扱っていない遺体の場合、身元確認を行っていないのでホームページへの掲載もしていない」としている。

（２０１４年６月18日朝刊）

【社説】認知症不明者、継続して捜す体制を

認知症が原因で徘徊《はいかい》中に保護された人について、警察が早期に身元を特定するため、氏名以外の情報を積極的に活用する新たな対策を打ち出し、都道府県警察に通達した。また、厚生労働省も自治体間の情報共有を進める方針を明らかにした。

認知症による行方不明の届け出は年間約１万人に上る。身元が長年分からないまま施設などで暮らす不明者について、新聞やテレビの報道などがきっかけで身元確認できた例が最近、相次いだ。家族が行方不明者届を出していたが、照会や照合の作業が不十分だった。新たな対策をきっかけに、警察や自治体は早期の身元確認を進めてほしい。

警察の通達によると、保護した身元不明者の写真付き資料を警察本部や警察署に備え付け、家族が自由に閲覧できるようにする。

また、警察が認知症の人を保護した場合、これまでは住所や氏名などを聞き取り、「行方不明者照会システム」に登録していたが、着衣や体形などの手がかりも入力する「身元確認照会システム」も状況に応じて使う。親族らが希望すれば、行方不明者の顔写真などをインターネットで公表することも検討する。

新たな対策は、探索の手がかりを増やす点で有効だろう。だが、所在確認できていない行方不明者は、2012、13年だけで258人に上り、年々増えていく。

認知症の人の移動に都道府県や市町村は関係ない。警察や役所の壁を越えて、保護された人と不明者の名簿の突き合わせ作業を継続実施できるか否かが、探索のカギとなる。

18年前に埼玉県内で保護され、最近になり身元が判明した東京都内の男性のケースでは、保護された当初から正確な名前が警察のデータベースに登録され、自治体の書類にもカナ表記の名前が残っていた。最近、保護から7年ぶりに身元が判明した女性の場合も着衣にカナ表記の名前が記されていた。それにもかかわらず手がかりが見過ごされたのは、照会作業が不十分だったためだろう。

警察の新通達は、自治体など関係機関との連絡をこれまで以上に密にして、照会を続けることもうたっている。地道なそうした作業を長期間続けるためには、人的体制の整備が必要だ。それが、見落としを防ぐことにつながる。情報の更新も欠かせない。

認知症の人が歩き回ること自体は自然な行動だ。最近は、全地球測位システム(GPS)機能で、居場所を割り出す商品も開発されている。事故や行方不明を防ぐ手立てをさらに工夫したい。それでも、限界はある。地域や社会として、どう認知症の人たちを見守り、手助けできるのか知恵も絞りたい。

(2014年6月20日朝刊)

都会の真ん中……突然不明
大阪北区の認知症女性

認知症で行方不明になる人が相次いでいる問題

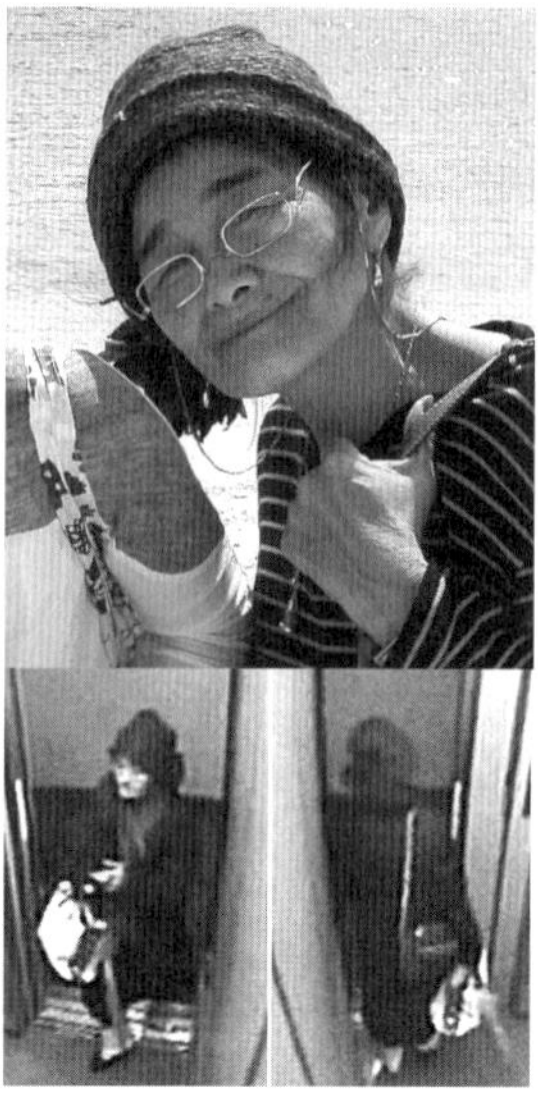

㊤２０１４年３月に家族と旅行に出掛けた時の佐藤美和子さん。行方不明になった日も同じ服と帽子、ペンダントを着けていたとみられる。㊦３月27日午前、自宅マンションの防犯カメラに映った美和子さんの外出時の姿。黒いダウンコートにニット帽を身に着けていた（ともに家族提供）

で、人通りの絶えない都会の真ん中でも誰にも気付かれずに行方が分からなくなる事態が起きている。ＪＲ大阪駅からほど近い中心部に暮らしていた認知症の女性（74）が（２０１４年）３月末、突然いなくなった。事件に巻き込まれた可能性も考慮して警察の捜査部門も動いたが、手がかりはない。「こんなに人がたくさんいる中で見つからないなんて」。家族は悲痛な思いで帰りを待ち続けている。

「気付けずごめん」長女、自責の念

女性は大阪市北区の佐藤美和子さん。昨年（２０１３）５月に認知症と診断され、スムーズな会話は難しくなっていたが、足腰は丈夫で日常生活にほぼ支障はなく、自宅マンションで１人暮らしをしていた。近くに住む30代の長女が孫と毎日のように訪れ夕食を共にするなど身内に支えられ、外出先で道に迷い保護されるようなことはなかった。

ところが３月27日に自宅を出た後、行方が分からなくなった。家族は警察に届け、行方や手がかりを捜した。

外出時の姿は同日午前９時20分ごろ、自宅マンションの防犯ビデオに映っていた。黒とピンクの横しま模様の長袖Tシャツに黒いダウンコート、ニット帽を身に着け、愛用のカバンを持っていた。数百メートル先の防犯ビデオにも同じ姿があったが、足取りはそこで途絶える。地下鉄に乗る際に使っていた敬老パスを調べると、その日は利用記録がなかった。

自宅カレンダーには先々の予定が書きこまれ、失踪する理由は見当たらない。大阪府警捜査1課も調べたが、事件に巻き込まれた形跡はなかった。美和子さんの認知症は言葉の意味を忘れるのが主な症状で道に迷うことはあまりないとされていた。長女は「帰宅はできると思っていた。気付けなくてごめん」と自責の念を募らせる。

「人の役に立ちたい」と経理職を退いた後も10年以上にわたり老人ホームを訪問するなどのボランティアを続けてきた美和子さん。長女はいつ戻ってもいいようにと母が大事にしていた鉢植えへの水やりを欠かさない。

6月21日、美和子さんは74回目の誕生日を迎えた。長女は母の写真に向かい、孫2人とバースデーソングを歌った。「どこかで聞いてくれているよ」。そう語り合いながらも切なくなる。「一緒にお祝いしたかった」。今はただ母の体を抱きしめて、ぬくもりを感じたい。

美和子さんは身長145センチ、体重40キロ程度。金色の釈迦《しゃか》座像のペンダントをしていたとみられる。

（2014年6月25日朝刊）

身元不明保護169人　――6月調査時の3倍

認知症は14人

認知症の疑いで保護され身元不明のまま施設などで暮らす人が全国で少なくとも14人に上り、認

身元不明者数

北海道 ※	0(0)	石川県	0(0)	岡山県 ※	1(1)
青森県	0(0)	福井県	0(0)	広島県	13(0)
岩手県	0(0)	山梨県 ※	0(0)	山口県 ※	1(0)
宮城県	0(0)	長野県	2(0)	徳島県	0(0)
秋田県	2(0)	岐阜県	6(0)	香川県	0(0)
山形県	0(0)	静岡県	10(2)	愛媛県	2(2)
福島県	0(0)	愛知県	12(0)	高知県 ※	0(0)
茨城県 ※	0(0)	三重県	0(0)	福岡県 ※	13(1)
栃木県 ※	0(0)	滋賀県	1(0)	佐賀県	2(0)
群馬県	2(0)	京都府	15(2)	長崎県 ※	0(0)
埼玉県 ※	2(0)	大阪府	47(0)	熊本県	1(0)
千葉県 ※	6(5)	兵庫県 ※	11(0)	大分県	3(0)
東京都 ※	3(0)	奈良県	2(0)	宮崎県	0(0)
神奈川県 ※	2(1)	和歌山県	10(0)	鹿児島県 ※	×
新潟県 ※	0(0)	鳥取県	0(0)	沖縄県 ※	×
富山県	0(0)	島根県 ※	0(0)	計	169(14)

（　）内はそのうち認知症の疑いがある人。※は厚生労働省の依頼による調査結果非公表
×は独自調査も実施していないとして回答せず
埼玉と山口は、さいたま市と萩市の独自公表分をそれぞれ含む

知症以外の人を合わせた身元不明者は１６９人いることが分かった。各都道府県による独自調査や厚生労働省が進めている全国調査の結果を毎日新聞がまとめた。ただし、18都道県は厚労省調査について同省による結果公表まで非公表としており、最終的にはさらに人数が膨らむとみられる。

各都道府県による独自調査の結果は（２０１４年）6月15日にいったんまとめて報じたが、当時は調査中が7都県あり、認知症が疑われる身元不明者は11人、記憶障害や統合失調症などの人を含む全体では57人だった。その後、岩手、兵庫、奈良、山口、福岡5県が独自調査を終えた（鹿児島は独自調査を途中で取りやめた）上、厚労省の依頼に基づき調査対象を拡大した自治体もあることなどから人数が増えた。

新たに認知症の疑いがあるとされた身元不明者は、２００７年７月に京都府宇治市の神社で倒れ

ていた男性（推定65歳）▽08年1月に福岡県久留米市の路上で見つかった男性（同80代）▽今年5月に岡山県和気町の川沿いを歩いていた男性（同70代）――の計3人。東京都は調査を継続する一方、認知症などの疑いがある身元不明者を3人と公表したものの、具体的な症状などを明らかにしていないため14人には算入していない。

身元不明者数は6月から約3倍に増大。大阪府は当初、高齢者を対象に調査し6人と公表したが、厚労省の依頼に基づき推定40歳以上を調べたところ47人に上った。一方、169人のうち自治体が顔写真を公表したのは10人余にとどまる。

（2014年7月21日朝刊）

認知症不明者検索へ全国ネットのＨＰ開設
――厚労省

認知症の疑いで身元不明のまま保護され施設などで暮らす人がいる問題で、厚生労働省は（2014年8月）5日、身内を捜す家族らが各地の身元不明者の情報を調べられる特設サイトをホームページ（ＨＰ）に作った。各都道府県のＨＰと結んで性別や年代、顔写真などを確認できるが、現在こうした情報を公表している都道府県は千葉と静岡しかなく、同省は積極的に公開するよう全国に通知した。

認知症などの身元不明者は全国で少なくとも169人おり、厚労省が全国調査している。千葉、静岡は6月から計17人の情報を独自に公開したが、多くの自治体は個人情報保護などを理由に公開していない。身内を捜す家族の問い合わせにすら応じない自治体があるため、積極的な情報公開と全国の身元不明者情報をまとめて確認できるシステムを求める声が上がっていた。

特設サイトのタイトルは「行方のわからない認知症高齢者等をお探しの方へ」。昨年（２０１３）12月に行方不明になった秋田県の男性（77）を捜す長女（46）は「一歩前進と思う。全国の情報が早く見られるようになってほしい」と話している。

（２０１４年８月６日朝刊）

ＳＯＳメール、ほどなく発見
――先進地・福岡県大牟田市

認知症で行方不明となる人が相次ぐ中、福岡県大牟田市の取り組みが全国から注目を集めている。「安心して徘徊《はいかい》できる町」を目指し、温かな見守りの目を育んできた。問題解決のヒントを求め、現地を歩いた。

警察に不明届け→登録４４００人に氏名・顔写真配信

（２０１４年）7月27日夜、市の中心部は江戸時代から続く勇壮な「大蛇山《だいじゃやま》まつり」がクライマックスを迎えていた。一夜明け、私（記者）の携帯電話にメールが届いた。市が配信した「ＳＯＳ高齢者徘徊者情報」。祭りに来ていた認知症の70代女性が行方不明となり、情報提供を呼びかけるものだった。女性の氏名と服装、身長などの特徴、不明となった場所などが記載され、顔写真もあった。

警察に行方不明の届けがあると、市は一般登録者約４４００人にメール配信する。「ＳＯＳネットワーク」と呼ばれるシステムの一部だが、氏名や顔写真を一般市民にも配信している自治体はごく一部。同じ情報は交通事業者や消防、郵便局、介護や医療の関係者、民生委員らのほか、連携する周辺自治体にも行き渡る。

　ほどなくして「女性を発見しました」とメールが届いた。不明になった場所から3キロほど離れた住宅街。木陰で寝そべっていたところを、車で仕事に行く途中の狩野恵理子さん（52）らが気づいて交番に駆け込んだ。保護した警察官に女性は「家も道も分からない。一晩中歩いて足が痛い」と話したという。

7月28日に記者の携帯に送られてきた「SOS高齢者徘徊者情報」メール

模擬訓練に2000人

　狩野さんが女性に気づいたのは、年間数十件発信されるというメールと並び、同市が力を入れる「捜索模擬訓練」の成果だった。

　模擬訓練は、行方不明を演じる人と市民らが実体験で捜索や声掛けの方法を学ぶ。10年前、一つの小学校区住民らによる試みから始まり、今では市内の全21校区が地域ごとに課題を決めて取り組む。「訓練で認知症の人の様子や歩き方を学んだことが役に立った」と狩野さんは言う。昨年の訓練は行方不明者役が69人、参加者約2000人と全国でも例がない規模になった。

　29日夕、市南部の民生委員会長の男性（73）と話していると、お年寄りの女性がこわばった表情で歩いて来た。1人暮らしの80代。認知症になり15キロ余り離れた市外で保護されるなど過去に何度か行方不明になっている。

会長によると、模擬訓練などをきっかけに地域の有志が協力してこの女性を含む認知症や独居の高齢者への見守りを始めた。日常の声掛けに力を入れ、認知症の人の緊急連絡先が分かる「安心安全カード」を所持してもらう取り組みも始めた。

「暑いねえ。お茶でも飲んでいくかい」。会長が声を掛けると「うんうん」と女性は顔をほころばせて立ち止まった。少し言葉を交わすと歩き始める。「一見意味なく歩き回っているように見えるでしょ。でも、日課の買い物と散歩なんです」。女性はせんべいを買った雑貨店の店主（77）から「まっすぐ家に帰りなよ」と見送られ、にっこりうなずいた。入り組んだ道にも迷わず、15分ほどで自宅に戻った。今では女性が行方不明になることはほとんどない。市長寿社会推進課の新田成剛主査は「見守りの形は地域で異なり、住民が自分たちで対応策を考えることが重要。行政はそのきっかけづくりやサポートをしていきたい」と話した。

（２０１４年８月７日朝刊）

【論点】認知症の行方不明者対策は

認知症を巡る深刻な実態が明らかになってきた。行方が分からなくなる人は年間１万人に上り、保護されても長期間身元不明で仮の名前で過ごす人たちもいた。高齢化は待ったなしで進む。認知症の人とその家族をどう守るか。

照合システムの整備を
——山内鉄夫（日本司法書士会連合会副会長）

大阪市で２０１２年３月に保護され身元不明のまま介護施設で暮らしていた認知症の男性の成年後見人を務めた。今年（２０１４）４月に男性の存在が報じられ、兵庫県の74歳と判明したが、警察の照合システムが不十分などさまざまな課題が浮き彫りになったと感じる。

男性には「太郎」さんという仮名が付けられ、私は市長の申し立てで家庭裁判所から成年後見人に選任されたが、身元不明のため法的な不安定さが常につきまとった。

成年後見人の職務は、本人の「財産管理」と、安定した生活を送れるように介護事業者と契約を結ぶなどの「身上監護」の二つがある。財産管理では現金を避けるのが基本だが、本人確認ができないため、出納記録を残せる預金通帳を銀行でつくるのは難航した。後見人には本人への医療行為に同意する法的権限もなく、インフルエンザの予防接種すらできなかった。この「医療同意」の問題は身元が分かっている人でも同じで、法的な手当てが必要だ。

太郎さんについて毎日新聞の取材に応じたのは、万策尽きてこのままでは名前を取り戻せず亡くなる恐れがあったからだ。保護時は身ぎれいだったので、何らかの事情で捨て置かれた可能性もあると考えたが、そうであれば社会的に許される行為ではない。一方で家族が捜している可能性ももちろんあり、なんとか家族と再会してほしかった。

身元を確認するためとはいえ、意思能力が落ちた本人の写真掲載について、誰がどう判断するかは大変難しい問題をはらんでいた。後見人の職務範囲から外れるとみる人もいた。場合によっては家庭裁判所から後見人を解任される可能性もあっ

山内鉄夫（やまうち・てつお）1960年東京都生まれ。近畿大法卒。89年司法書士登録。大阪司法書士会長などを経て2013年6月から現職。日本成年後見法学会正会員。

た。大変悩んだが、身元判明にはこの方法しかなかった。報道の結果、本人が名前を取り戻し、再会した家族が喜んでくれたことは涙が出るほどうれしかった。

家族が行方不明直後に警察に届けを出して捜していたことも分かり、警察が適切に対応していれば数日で家に帰れたはずだった。警察への信頼はものすごく揺らいだ。兵庫県警は身元照合を手作業でやって見落としたが、この時代にいまだ手作業をしていたのは大変な驚きだった。

再発防止には、各警察が行方不明者と身元不明者の写真や人相・着衣などの詳しい情報を共有し、照合できるシステムが必要だ。悪用を防ぐ対策は必要だが、そうした情報を行方不明者の家族や後見人などの法定代理人が閲覧して捜せるようにしてほしい。

個人情報保護を理由に自治体が身元不明者の顔写真などの情報を出さないケースがあるが、行き過ぎた個人情報保護が独り歩きしている。身元不明のまま保護されている状態とは、例えば年金受給者である本人が高齢の妻や病弱な子供など家族への扶養義務を果たしていないという可能性もある。家族を助ける公益的な観点と、個人の人格権保護とのバランスを考えることが必要で、自治体は本人の了解がなければ公表しないという対応を考え直すべきだ。

成年後見制度は開始から14年になるが、社会の変化に合わせて見直されるべきだ。受任しても半分以上は無報酬、つまりボランティアで、太郎さんのケースも報酬はない。成年後見は弱者を支える社会的なシステム。介護保険予算の一部を報酬に充てるなど、なんらかの対策を検討してほしい。

【聞き手・銭場裕司】

「安心して徘徊できる町」に
――大谷るみ子（地域ぐるみで対策に取り組む福岡県大牟田市の介護施設長）

認知症の人を巡って、今年（2014）が大きなターニングポイントになる可能性がある。行方不明問題について多くの報道があり、社会的に向き合わなければならない課題として大きな注目を集めた。一方で、認知症の男性が電車にはねられた死亡事故について、見守りを怠ったとして男性の妻に約360万円の賠償を命じる高裁判決が出された。

判決の影響で「認知症の人は施設や家に閉じ込めた方がいいんじゃないか」という意見が強まることを危惧する。そこに逆戻りしてはならない。むしろ認知症の人が地域で暮らしていける社会を目指し、私たちの住む福岡県大牟田市がスローガンに掲げる「安心して徘徊《はいかい》できる町」のような地域づくりを一層進めて、社会全体で認知症への理解を深めていくべきだ。

私たちのグループホームは無断外出は構わないし、夜まで鍵もかけない。認知症の人が「買い物に出かけたい」「外を散歩したい」と思うのは当たり前のこと。目的もなく歩き回るわけではない。外出することはまさに日常の暮らしの一部であり、そんな暮らしを奪う権利は誰にもない。けがや事故に遭うリスクの方を重くみて心配する家族もいるが、専門職として本人の思いを代弁し、リスクを減らすように努めて、理解してもらっている。

ただ、このように本人の尊厳を尊重した暮らしは、施設や家族だけでは実現できない。地域住民の理解と協力が欠かせない。当ホームがある地区では2003年に住民が集まり、認知症を一つの切り口として「これから自分たちの地区をどう変

大谷るみ子（おおたに・るみこ）1957年熊本県生まれ。看護師。デンマークで認知症ケアを学び、2001年から社会福祉法人東翔会グループホーム「ふぁみりえ」ホーム長。

えたいか」を話し合った。そこで誕生した住民組織「はやめ南人情ネットワーク」による取り組みが市全域に広がり、「安心して徘徊できる町」の代名詞ができるまでになった。

住民組織の話し合いから生まれた取り組みの一つが「ＳＯＳネットワーク」だ。行方不明者の届けが警察にあると、交通事業者、消防、郵便局などに名前や特徴、写真がファクスやメールで伝えられ、協力して捜索にあたる。同様のメール配信を受ける一般の登録者は約４４００人に上る。緊急時に、認知症の人やその家族を支えるためのセーフティーネットとして大きな役割を果たしている。

同じ話し合いから04年に捜索模擬訓練が始まった。行方不明者役を演じる人を配置し、参加者が実体験で捜索や声掛けの方法を学ぶものだ。今では、市全域を挙げた規模になり、昨年は約２０００人が参加している。訓練に関連して、それぞれの地区が地域の実情に応じた課題に取り組むようにもなり、各地で認知症への理解が深まっている。

日常的な住民同士のつながりが充実していれば、行方不明の問題に限らず、さまざまな課題を乗り越えられる。私たちの地区では老若男女問わず集まれる場作りにも力を入れている。ＳＯＳネットや捜索訓練の取り組みが市を代表する活動として注目されることが多いが、あくまでも緊急時の手段に過ぎない。

「安心して徘徊できる町」とは、認知症の人でも安心して暮らせる町をつくろう、という意味だ。実現できれば、小さな子どものいる若い夫婦も障害のある人も独り暮らしのお年寄りもみんなが暮らしやすくなる。そんな地域づくりを目指している。

【聞き手・山田泰蔵】

最大の国家戦略で対応を
――尾辻秀久（「認知症医療の充実を推進する議員の会」会長）

認知症の行方不明者が年間1万人に上るのは、極めてゆゆしき問題で放置できない。2012年時点の認知症高齢者は462万人と推計され、今後も確実に増える。認知症には最大の国家戦略をもって対応すべきだ。

行方不明を巡る問題では、埼玉県狭山市で保護された男性が18年間も身元が分からない事案があった。自ら名前を話していたのに、なぜ身元が分からず、どうしてご家族のもとに早くお帰しできなかったのか、本当に不思議だ。行政は丁寧にしっかり対応してほしい。

行政や警察が個人情報の取り扱いに気を使い、慎重になることは理解するが、もっと情報をおおやけにすべきだ。顔写真を出して身元不明者の情報を求めている自治体がある一方、そうではない自治体もあり、地域差がある。情報を出さない判断の背景にはいろいろあるのだろうが、個人的には写真を公表する方に理解を示したい。

（2014年）6月に自民党の50人を超える仲間と「認知症医療の充実を推進する議員の会」を設立した。認知症は行方不明だけでなく虐待などさまざまな問題がある。社会や国のために頑張ってこられたお年寄りが虐げられる状態はとても文化国家とは言えない。

議員の会の設立に至った大きなきっかけはJR

尾辻秀久（おつじ・ひでひさ）1940年鹿児島県生まれ。東大中退。89年参院選で自民党から初当選し当選5回。厚生労働相や参院副議長などを歴任した。

東海の鉄道事故を巡る判決だ。認知症の男性が線路に立ち入って死亡した事故で、名古屋高裁が今年4月、妻に対して約360万円の賠償を命じた（上告中）。高齢（事故当時85歳）の妻に夫の見守りを怠った責任を取って賠償を払わせるなんて、むちゃな判決だと思う。制度や法律を整備して、ああいう判決がなくなるようにしなければならない。

　議員の会は三つのチームをつくって勉強を始めている。一つは予防を含めた医学・医療の研究。二つ目は行政的な面での取り組みをどうするか。三つ目は法律の整備だ。

　医学・医療の研究では、例えばアルツハイマー型認知症の発症メカニズムの研究や、治療薬の開発が、どうすればより進むのか考えていく。

　行政面での取り組みは財源の問題もある。認知症に関わる省庁連携の会議は開かれているが、1年に1回だけで帰りには忘れているようなアリバイ作りの会議ではダメだ。対策を国家戦略にするのだから、例えば発症研究なら文部科学省、自宅や地域で暮らすための住宅政策なら国土交通省の協力を得て、省庁横断的にやってもらわないといけない。厚生労働省単独で対応できる問題ではない。

　法律の整備は最終的に基本法づくりを目指すこともありえるし、私自身、がん対策など多くの基本法作りにかかわったが、今回はどのような基本法のあり方が良いのか、悩む部分がある。

それぞれの勉強は緒に就いたばかりだが、対応は待ったなしで急がなければならない。1年ぐらいでひとつの答えを出したい。

認知症に対する一般の理解は昔と比べればかなり変わったが、まだまだ病気だと正しく認識されていない。長寿社会では誰でもなる可能性があり、決して恥ずべきことではなく、みんなで見守る必要がある。山積する課題に対応するため国家戦略というアドバルーンを上げ、同時に本当の中身となる、より良い制度や対策をつくらなければならない。

【聞き手・銭場裕司】

行方不明と身元不明

認知症が原因で行方不明になったと警察に届け出があったのは2012年が9607人、13年が1万322人。多くは無事保護されるが、12年に359人、13年には388人の死亡が確認された。両年の受理分のうち、今年（2014）4月末時点で行方不明のままの人も258人に上る。また、13年に警察が保護したが身元が分からず自治体に引き渡したのは157人。今年5月末時点で13人の身元が未判明だった。

警察の照合ミスや自治体と警察の連携不足で、長期にわたり身元が判明しないケースも起きていた。18年前に埼玉県狭山市で保護されて施設で暮らしていた男性は、存在が報道されたことで今年6月にようやく東京都渋谷区の82歳と判明した。

（2014年8月8日朝刊）

見守っていたのに　80年以上過ごした地元……不明に

肩落とす地域の人々――山口・防府

生まれ育って80年以上慣れ親しんだ地元から行

方不明になった男性がいる。山口県防府市新田《しんでん》の河内《こうち》作一さん（82）。自宅から散歩に出たまま5カ月たつ今も消息が分からない。認知症の症状が出ていた河内さんを見守っていた地域の人たちは「ここでは河内さんの顔を知らない人はいない。行方不明になるのは都会の話だと思っていたのに」と驚き、肩を落としている。

河内作一さん（家族提供）

河内さんは（2014年）3月15日午後3時40分ごろ、「ちょっとひと回りしてくる」と妻栄美子さん（76）に伝えて散歩に出たまま行方不明になった。散歩はいつも近所を歩く程度で道も熟知していた。

河内さんはこの地で生まれ育ち、長年溶接の仕事をしていた。栄美子さんは「曲がったことが嫌いな職人で、真面目で本当に優しい人」と語る。最近はテレビでの野球観戦やスポーツ新聞を楽しみ、自宅でゆったりとした時間を過ごしていた。

数年前から認知症とみられる症状が出始め、今年に入ってからは出張の支度を突然始めたり、「おふくろはどこ行った？」と約40年前に死去した母の居場所を家族に尋ねたりしたこともあった。だが、家族や周りの支えを受けて穏やかな暮らしが続いていた。

河内さんの姿が最後に確認されたのは、散歩に出て20分ほどの同日午後4時ごろ。自宅から500メートルほどの所にある、なじみの食料品店であんパンとコーヒー牛乳を買った。店の女性（77）が「（近所の）桜を見に行けば」と声をかけると、「いつでも見られるから今日は行かない」と答えたという。

女性は河内さんの幼なじみでもある。認知症とみられる症状にも気付いており、日が暮れてから来店した際は「おうちに早う帰りいよ」と声をかけた上で、自宅と違う方向に行かないように見守っていた。行方不明になったこの日は日没まで時間があり、普段と変わった様子もみられなかったという。

栄美子さんはその日の夜に警察に届け出たが、「私が散歩に付いていけばよかった。それが一番悔やまれます」。店で応対した女性は「残念でならない。地域の人はみな河内さんのことを知っている。どうにか手の打ちようがあったんじゃないか」とショックを受けている。

河内さんは身長約165センチ、足は23・5～24センチ。耳が遠く、中肉中背で少しおなかが出ている。行方不明時は上下とも紺の作業着で、坊主に近い白髪の短髪だった。

「SOSネットあれば」

認知症の行方不明者対策としては、顔写真などの情報をタクシーやバス事業者、一般市民らの携帯電話などに配信して捜索に役立てる「SOSネットワーク」があるが、防府市は未設置だった。同市は年度内の構築を目指して準備中という。

認知症対策の先進地とされ「安心して徘徊《はいかい》できる町作り」を掲げる福岡県大牟田市の元担当者の岡山隆二さんは「今回のケースでは日常的な見守りはしっかりしていたのでSOSネットワークがあれば地域の力を借りた捜索ができたはずだ」と残念がる。一般的な対応としては「24時間見守り続けることは不可能。普段は神経質になりすぎず、姿が見えなくなって30分捜しても見つからない場合は警察などに通報した方がいい」と初動の重要性を強調している。

（2014年8月18日朝刊）

認知症保護35人
身元不明のまま施設に――厚労省調査

認知症の疑いで保護され身元不明のまま施設などで暮らす人が（2014年）5月末時点で全国に少なくとも35人おり、認知症以外の人を合わせた身元不明者は346人に上ることが（9月）19日、厚生労働省による初の全国調査で分かった。同省は同日、地域の見守りや捜索体制強化に向けた通知を都道府県に出した。

調査は6月、都道府県を通じて1741全市区町村を対象に実施。身元不明の346人は139市区町村で把握され、認知症の他は精神疾患79人、記憶障害60人、脳血管障害58人など。

認知症は男性24人、女性11人。保護期間の最長は30年以上で、この人を含め10年以上が6人いた。推定年齢は80歳以上が10人、70歳～80歳未満が18人など。保護されている病院や施設があるのは埼玉、千葉、東京、神奈川、静岡、愛知、京都、愛媛、福岡、沖縄の10都府県（26市区村）。ただし「個人情報保護条例の解釈は自治体の判断に任せている」として詳細な自治体名は公表しなかった。

2013年度の行方不明者数は5201人で、警察庁が今年6月公表した昨年1年間の認知症による行方不明者届の受理数1万322人を大きく下回った。行方不明者情報を把握していたのは855市区町村（49％）にとどまっていた。

行方不明者情報を自治体や警察、交通事業者などが共有する「徘徊《はいかい》・見守りSOSネットワーク事業」を実施するのは616市区町村（35％）。これを含め何らかの行方不明者対策を講じたのは1068市区町村（61％）だった。

（2014年9月20日朝刊）

不明者情報公開進まず　——認知症全国調査

家族「行政努力見えない」

厚生労働省が（２０１４年９月）19日に公表した認知症の行方不明・身元不明者を巡る全国調査で、身元不明のまま施設や病院などに保護されている人は３４６人、うち認知症の人は35人に上ったが、個人情報保護などを理由に保護した人の情報をいまだ公開していない自治体も多い。行方不明の身内を捜す家族は早期の全面公開を求めている。

厚労省は認知症の身元不明者35人がいる10都府県名は公表したものの「自治体に積極的な情報公開をお願いしている」として、それ以上の情報は出さなかった。一方、同省は８月に身内を捜す家族らが各地の身元不明者情報を調べられる特設サイトをホームページ（ＨＰ）に設けたが、ここに身元不明者情報をリンクした自治体は８府県１市にとどまる。身内を捜す家族が情報を確認できない状況が続いている。

今春行方不明になった大阪市の佐藤美和子さん（74）を捜す長女（37）は「調査結果を期待して待っていたのに、身元判明につながるような具体的な情報が分からず残念。公開しない国や自治体は何を恐れているのだろ

身元不明のまま保護されている人がいる自治体（厚生労働省発表）

- **認知症の身元不明者 35 人がいる自治体**

10 都府県＝埼玉、千葉、東京、神奈川、静岡、愛知、京都、愛媛、福岡、沖縄の 26 市区村

- **認知症以外の身元不明者 311 人がいる自治体**

32 都道府県＝北海道、宮城、秋田、茨城、栃木、群馬、埼玉、千葉、東京、神奈川、新潟、福井、山梨、長野、岐阜、静岡、愛知、京都、大阪、兵庫、奈良、和歌山、岡山、広島、山口、高知、福岡、佐賀、長崎、熊本、大分、鹿児島の 123 市区町村

うか。身元不明者が３４６人に上ること自体驚きで、行政が努力して捜してきたのか疑問に思ってしまう」とショックを受けていた。

昨年12月に行方不明になった秋田県の男性（77）を捜す長女（46）は「父を捜したいのに、身元不明で保護された人の数やどこにいるかは分からなかった。一歩前進だが、HPで情報公開している自治体はまだ少なく、情報を早く確認できるようにしてほしい」と訴えた。

（２０１４年9月20日朝刊）

住民巻き込み「徘徊できる町」へ

大牟田、模擬訓練重ね

認知症対策の先進地として知られる福岡県大牟田市で（２０１４年）9月21日、今年で11回目となる「徘徊《はいかい》ＳＯＳネットワーク模擬訓練」が行われた。認知症の人が行方不明になったことを想定して、近年は毎年２０００人前後の市民が参加。他の自治体からも１０００人以上が視察に訪れる訓練に密着し「高齢者が安心して暮らせる街」のヒントを探った。

午前8時。市中心部に近い住宅街にある訓練会場の一つ、白川小学校の体育館に住民や全国からの視察者ら約２３０人が集まった。壇上で実行委員会メンバーの市民が訓練方法を実演する。

「どこに行きよんなさっと?」。道に迷ったとみられる認知症の高齢者への声掛けが基本だが、それだけではない。認知症の高齢者がとある住民宅を間違って訪ねてしまうことも想定されていた。「ここは山下さんのお宅?」「いえ、違いますよ」「あれ、ここはどこかいな……」。返答に窮すると、「このような方がおられた場合には警察署にご連

「徘徊役」と書かれたプレートを首からぶら下げて商店を訪ね、認知症の徘徊模擬訓練への協力を求める倉本弘祐さん（右から2人目）ら

絡ください」と説明があった。

会場には大人たちに交じって小中高校生の姿も。同級生と参加した高校3年の星田遥風《はるか》さん（17）は「認知症の人が行方不明になるニュースを知って自分も力になれないかと思った」と話す。

かつて炭鉱の街だった大牟田市は1997年の閉山に伴い高齢化が急速に進み、現在の高齢化率（65歳以上の人口割合）は32・8％と約3人に1人で、全国平均の約4人に1人を大きく上回る。2002年に市内全域を対象に「認知症介護に関わる実態調査」を行ったことをきっかけに、病気への不安や介護の悩みが住民から寄せられ、認知症に対する理解を深めて地域全体で支える「安心して徘徊できる町」を目指した試みが始まった。

その一環となる模擬訓練は04年、駛馬《はやめ》南小学校区の住民らで作る自主組織の取り組みとしてスタートし、徐々に行政や警察、介護事業者、地元商店などを巻き込んで拡大。07年には市の主催となり、今では市内全21小学校区の地域住民が参加する大規模なものとなった。

21校区の住民はそれぞれの課題を設定し、独自の訓練を行う。ある校区は「捜索」を中心に据え、訓練当日、不明者役の高齢者が歩くルートや時間を住民らに知らせず本番さながらの状況下で、家族役から伝わった情報が隅々まで行き渡るか、伝達ルートや方法は適切か、発見保護までどのくらい時間がかかったか——などを検証する。一方、記者が密着した白川校区では不明者役の高齢者を50人も配置し、不明者役から住民に声を掛けて訓練への参加を促す「啓発」に重点を置いた。

壇上での実演後、不明者役と同行者の5人1組で作る計50班が校区内に散らばり訓練を始めた。「一般の住民から声を掛けてもらうのはなかなか難しいんですよ」。同行した班で班長を務める倉本弘祐さん（56）は指摘する。白川校区が模擬訓練に初めて加わった07年の住民参加はわずか9人、不明者役の高齢者1人が2時間歩いて住民からの声掛けは1件だけだったという。

「だから、私たちの方から住民を巻き込んでいくんです」。首から「徘徊役」と書かれたプレートをぶら下げた倉本さんらは近くの英会話教室の扉を開け、中にいた女性職員（33）に訓練の趣旨を説明して協力を求め、承諾を得た。

「どげんしたら京都に行けるかいな」と尋ねる倉本さんに、女性職員は「京都ですか」と驚き、「えと、いったんおうちに帰られるのがいいかもしれませんね」と応じる。「家はどこだったかなあ」と倉本さん。女性職員はかみ合わない会話に戸惑いながらも、丁寧に応対した。

一通りのやりとりを終えた後、倉本さんは女性職員に「優しい話しぶりで良かった。『詳しい人を呼びましょうか』と110番通報するのがいいですよ」とアドバイスした。女性職員は「初めての体験でしたが勉強になりました」と柔らかな表情を見せた。

1時間余りで10人近くの人に声を掛けたが、「人ごとじゃないね」と協力を快諾する男性もいれば「忙しいので」と断る中年女性も。会場の体育館に戻ると、手作りのカレーライスが振る舞われた。

大牟田市長寿社会推進課の新田成剛さんは「10年の積み重ねで認知症への市民の理解は広がり、地域で見守られながら1人暮らしを続けられる人もいる」と成果を語る。その上で「地域づくりに終わりはない。誰もが支え合うまちづくりをさらに進めたい」と話す。

白川校区では住民によるNPO法人が設立され、校区内に複数の「地域サロン」と呼ばれる交流の場を整備して、世代間の交流や困りごとの手伝いなど、互いに気遣い支え合う試みも始まった。

認知症はあくまでもきっかけだ。住民同士が話し合いを重ねて課題を発見し、失われつつあったコミュニティーを取り戻そうとする地域の力を実感した。

（2014年10月15日朝刊）

誰にでも起こりうる――銭場裕司

認知症の人が行方不明になる問題を知ったのは、東日本大震災がきっかけだった。

2011年3月、当時勤務していた西部本社報道部（北九州市）から岩手県へと取材に入った。同6月にこの取材経験を北九州で講演した際、控室で聞いた話に耳を疑った。「認知症の男性が行方不明になり、2カ月近くたつ今も見つからない」というのだ。

身内の行方が分からず生死すら確認できない――。その苦しみを被災地で聞いたが、地震も津波もない日常でも行方不明者がいることに衝撃を受けた。悲嘆する家族が全国にいたのだ。西部本社発行紙面で連載し、東京異動後も同じテーマに取り組めたことが一連の報道につながった。

大阪市で保護され施設で暮らしていた「太郎さん」と面会したのは今年（2014）4月。食欲旺盛で、話しかけると笑顔を返してくれる。身内を捜し続ける家族の姿が頭に浮かび、本当なら同じ食卓を囲み、ぬくもりに触れることもできるのにと、もどかしく感じた。「ご家族を捜しますよ」と声をかけると、「うん」とうなずいた。

新聞にラインを引くことが日課だった田中紀行さん（家族提供）。身長 160 センチで細身。行方不明時は灰色ジャージー上下姿で、紺色キャップをかぶり、赤いランニングシューズをはいていた

家族との再会は「『私』知る人どこに」と題した記事掲載から8日後の4月27日だ。捜し続けていた妻は涙を流し、男性を支えた成年後見人や職員は喜びで身を震わせた。男性は高熱で寝ていたが、30日に家族と対面するとそれまでとは明らかに違う穏やかな表情で笑った。この時の感動を私は忘れない。

一連の取材で気付いたことがある。どの家族も「なぜ見守れなかったのか」と自身を責めることだ。身内を失った苦しみの上、同じ家族や警察官から叱責された人もいる。しかし、そもそも24時間見守るのは無理だ。報道では、行方不明は特殊な事案ではなく、家族の責任ではないことを知ってもらいた

かった。その上で社会や地域の取り組みが生まれることを目指した。

「一人の者がどんなに声を上げてもどうにもならないことが報道で大きく大きく前進したことに感謝の気持ちでいっぱいです」。北九州で行方不明になり私が問題を知るきっかけになった田中紀行《としゆき》さん（74）の妻澄江さん（70）から届いた手紙だ。澄江さんは太郎さんの家族再会も喜んでくれた。それだけに、紀行さんを含め今なお行方が分からない人がいることを悔しく思う。

課題は山積しているが、誰もが当事者になりえる認知症の問題は、それぞれの社会や地域を変える可能性がある。対策の先進地で「安心して徘徊《はいかい》できる町作り」を目指す福岡県大牟田市で育まれている地域の温かなまなざしは、一つの理想的な姿を感じさせる。記事をきっかけに行方不明者の捜索訓練を始めた地域もある。だが、地域作りにまで役立ててもらう意味では我々の報道はやっとスタートラインに立てたところだ。取材を続けたい。

（2014年9月4日朝刊）

＊本書に掲載された、行方不明になった人や身元不明のままでいる人について、お心当たりや情報がある方は警察や自治体もしくは毎日新聞特別報道グループにお知らせください。

ＪＲ認知症鉄道事故訴訟

【特集ワイド】

認知症事故と損害賠償〈上〉 介護現場に衝撃の判決

認知症老人が列車にはねられ死亡→地裁が遺族に720万円支払い命令

「ある判決」が介護の現場に衝撃を広げている。91歳（当時）の認知症の男性が線路内に入り、列車にはねられて死亡した事故。裁判所は遺族に対し「注意義務を怠った」として、鉄道会社に720万円を支払うよう命じた。認知症の老人は閉じ込めておけというのか――介護関係者からはそんな怒りの声すら聞こえてくる。

JR東海から遺族が突然、手紙を受け取ったのは事故から半年後だった。

〈平成19年（2007年）12月7日に東海道線共和駅内（愛知県大府《おおぶ》市）に人が入り、快速列車に衝撃し列車が遅れるという事故が発生しました。本件により弊社に別紙の通り損害が発生しております〉

列車遅延による損害賠償の協議申し入れだった。

別紙には「損害額一覧表」として、事故に対応した職員の人件費、他社に振り替えた運賃、払戻金など720万円の内訳21項目が列挙されていた。受け取った横浜市在住の長男(63)は「正直、驚きました」と振り返る。

事故当時、男性は要介護4。介護なしでは日常生活が困難だったため、85歳(当時)の妻と、介護のために横浜市から近所に移り住んだ長男の妻が世話していた。男性が自宅を出たのは長男の妻が玄関を片付けに行き、そばにいた妻がまどろんだ一瞬のことだった。

「手紙が届いた後、JRの要請で、かかりつけ医師の診断書と『認知症があり線路上に出たと考えられる』と認定した警察の死体検案書を送りました。重い認知症だった父に責任能力がないことはJRも分かってくれると思っていた。ところが、専門医の診断書ではないから疑いがあるなどと言ってきた」と長男。事故から1年後、JRから内容証明郵便で正式な賠償請求が届き、その後、裁判所を通じて不動産の仮差し押さえを申し立ててきた。こうした対応に「父の墓前に線香の一本でも上げてくれていたら……父をはねて殺しておいて」と怒りがこみ上げてきた。

ＪＲはどのような基準で列車事故の損害賠償を請求しているのか。ＪＲ東海広報部は「責任の所在や事実関係を十分に調査の上、原因となった方や遺族に、車両の修理実費、特急料金の払い戻し、他社への振り替え輸送の費用や人件費の増加分など、明確に因果関係が説明できるものだけ請求しています」と回答する。

しかし、ＪＲは「要介護認定４であっても病状を示すものではない」などと、責任能力があったと主張して提訴した。ＪＲ東海広報部は「損害の処理について繰り返し遺族の方に協議を申し入れたものの、残念ながら理解いただけず、熟慮を重ねた結果、裁判所の公平公正な判断に委ねることとした」とコメントする。

「行動を一瞬も目を離さず監視することなど不可能」……遺族から怒りの声

提訴から３年半。名古屋地裁（上田哲裁判長）が今年（２０１３）８月に出した判決は、男性の認知症は重く、事故当時の責任能力はなかったとＪＲの主張を退けた。ところが、その一方で、介護していた妻に「まどろんで目をつむり、夫から目を離していた」と過失による賠償責任を認めた。長男については「法定監督義務者や代理監督者に準ずる」と位置付け、民間施設やホームヘルパーを利用しなかったと指摘して賠償を命じた。

長男は「父親は住み慣れた自宅で生き生きと暮らしていた。行動を一瞬も目を離さずに監視することなど不可能。こんな判決が確定したら、子どもが親の面倒を見られなくなる。介護を頑張った者ほど責任が重くなるのは理不尽です」と訴える。遺族は高裁に控訴。今でも父親を在宅で介護して良かったと思っている。

認知症の人と家族の会（本部・京都市）の高見国生代表理事は「こんな判決を出されたら家族はたまったものではない。認知症の人はどこかに行きたい、ここを出たいと思い立ったら必死に出て行く。家族がどれほど注意していても徘徊《はいかい》は起きてしまう。家族の責任を問うべきではない。何らかの公的補償制度を検討すべきです」と訴える。

そもそも事故は防げなかったのか。現場の共和駅。駅員は日中2人、早朝と深夜は1人だ。高さ1・1メートルのホームの先端から線路に下りる階段があった。判決後、階段の柵は施錠されているが、事故当時は施錠されておらず、簡単に線路に下りられた。

遺族代理人の畑井研吾弁護士は「男性の自宅周辺には踏切など線路に入る場所はなく、柵を乗り越えて線路に入る体力もなかった。男性は現金を持っていなかったため、自宅前の大府駅の改札をすり抜けて列車に乗り、隣の共和駅で降り、ホーム先端の階段から線路

認知症の男性が列車にはねられて死亡した愛知県大府市の事故現場。男性は中央の階段を下りて線路に入ったとみられている

に下りたとしか考えられない」と話す。この場合、駅員に遭遇するのは大府駅の改札1カ所だけだ。

大府駅改札で駅員に勤務態勢を尋ねた。「たまたま今は2人ですが、通常1人です。もうかつかつですよ」と苦笑した。改札は自動だが、切符売り場が併設され、駅員は横目で改札を監視しながら切符を売っていた。これでは人がすり抜けないか常に監視することは不可能だろう。大府駅と共和駅のホームには監視カメラが設置されていたが、駅員は常駐していなかった。

判決は男性がどのように事故現場の線路に入ったかは「不明」として判断を避ける。JR東海広報部は事故後の原因調査について「名古屋高裁に係属中であり、コメントは差し控えさせていただきます」としている。原因不明では再発防止策もおぼつかない。事故から9カ月後には、大府駅の隣の逢妻駅（愛知県刈谷市）でも認知症の女性（当時83歳）が列車にはねられて死亡した。

大府駅前の商店主（72）は介護される男性の姿をよく覚えていた。「よく若嫁さん（長男の妻）がおじいちゃんとおばあちゃんの手を引いて、ゆっくりゆっくり散歩していました。私も認知症になったら住み慣れた家で子どもたちに面倒をみてもらいたい。そう思わせてくれた人が事故で亡くなって本当に残念です」

認知症はひとごとではない。厚生労働省研究班（代表者・朝田隆筑波大教授）の調査によると、65歳以上の高齢者のうち認知症の人は推計15％で、昨年時点で約462万人に上る。認知症になる可能性がある軽度認知障害（ＭＣＩ）の高齢者も推計400万人。65歳以上の4人に1人が認知症とその予備軍なのだ。社会全体が自らの将来として認知症とその介護を考える時期を迎えている。

（2013年10月16日夕刊）

【特集ワイド】

認知症事故と損害賠償〈下〉

認知症の高齢者が線路内に入り、列車にはねられて死亡した徘徊《はいかい》事故。遺族に厳格な見守り義務を認め、賠償金支払いを命じた今年（2013）8月の名古屋地裁判決をどう考えればいいのか。介護、運輸安全対策、法律の専門家に問題点や課題を聞いた。

【事故・裁判の概要】

2007年12月7日、愛知県大府《おおぶ》市のJR共和駅構内の線路上で、重い認知症の男性（当時91歳）が列車にはねられて死亡した。JR東海は男性を在宅介護していた遺族に対し、列車遅延による損害賠償720万円を請求。名古屋地裁は8月に「注意義務を怠った」として遺族に全額賠償を命じた。遺族は控訴した。

判決は在宅ケアの流れに逆行──東洋大准教授・柴田範子さん

判決は「民間のホームヘルパーを依頼したりするなど、父親を在宅介護していく上で支障がないような対策を具体的にとることも考えられた」として、家族の過失を認定した。だが判決の事実認定をみると、長男の妻がわざわざ介護のために転居するなど家族は献身的に介護しており、一時的に目を離したことを過失とされたのでは、在宅介護が成り立たなくなる。

認知症の人が外に出るのは何かをしたいからで、本人の気持ちが背景にある。このため、どれほど家族が注意しても徘徊は起きる。私たちが運営する施設に通う70代の認知症女性も現金を持たずにJR川崎駅の改札をすり抜け、立川駅まで行ってしまったことがある。この時は女性が間違えて息子の靴を履いていたため、駅員が認知症を疑って声をかけてくれた。徘徊は認知症の特性であり、地域全体で見守っていく

柴田範子（しばた・のりこ）
1949年生まれ。介護サービスの特定非営利活動法人「楽」理事長。著書に『介護職のためのきちんとした言葉のかけ方・話の聞き方』など。

しかない。

厚生労働省は今年度から「認知症施策推進5カ年計画（オレンジプラン）」をスタートさせた。病院や施設中心の認知症ケアを、できる限り住み慣れた地域で暮らし続けられるように在宅介護にシフトさせる内容だ。その柱の一つ、認知症の人と家族を支援する「認知症サポーター」養成講座の受講者はすでに400万人を超え、全国レベルの取り組みが始まっている。

ところが今回の判決は、地域で認知症の人と家族を見守っていこうという時代の流れに逆行するものだ。男性の外出を検知する玄関センサーをたまたま切っていたことや、男性の妻（当時85歳）が短時間まどろんだことなどから、見守りを怠ったと判断したことは大変な誤りだ。

公共性の高いJR各社や裁判所などの公的機関は認知症の特性をよく理解して対応してもらいたい。徘徊を前提とした見守りができるよう、超小型の全地球測位システム（GPS）の開発なども求められている。

事故防止は鉄道会社の責務だ――関西大教授・安部誠治さん

認知症の男性をはねたJR東海について、判決は「線路上を常に職員が監視することや、人が線路に至ることができないように侵入防止措置をあまねく講じておくことなどを求めることは不可能」として、注意義務違反を認めなかった。しかし、ただ免責するだけでは事故の教訓は生かされない。ホームや踏切など施設の安全性を向上させていく鉄道会社の社会的責任を指摘すべきだった。

JR東海は決して余力がない赤字企業ではない。旧国鉄から東海道新幹線という「ドル箱」を引き継ぎ、巨額を投じてリニア中央新幹線を建設しようとする超優良企業だ。収益の一部を既存路線の安全性向上に投じ、施設改善を図る十分な財務基盤がある。JR西日本は05年の福知山線の脱線事故の後、ATS（自動列車停止装置）を大量に導入している。

事故現場の駅は、ホームから簡単に線路

安部誠治（あべ・せいじ）
1952年生まれ。NPO・鉄道安全推進会議副会長。公益事業学会前会長。著書に『鉄道事故の再発防止を求めて』など。

に下りられる構造だったという。同じような構造の駅は多数あり、それだけで過失だとまでは言えない。しかし、JR東海に認知症の人が時に予測不能な行動を取り、線路に入ってしまうという認識があれば、重い認知症の人の遺族に損害賠償訴訟を起こすという対応はなかったのではないか。

JR東海は、事故の直接的な責任者を追及していく旧国鉄時代からの「責任事故」という考え方に縛られているようだ。線路上に本来いないはずの人がいたために事故が起きた。その人は認知症で責任を問えない。ならば見守りを怠った家族の責任だ、と人的ミスを次々に追及する論理だ。

人的ミスは根絶できない。だから人的ミスを追及していくだけでは事故はなくならない。認知症の高齢者が急増しているという背景にこそ目を向けるべきだ。認知症の高齢者の事故をどう防ぐかは、安全性向上を責務とする鉄道各社共通の課題だ。事故原因を人的ミスだけに帰し、責任者を追及するだけでは社会的責任を果たしたことにならない。

家族に厳密な見守り義務ない——早稲田大教授・田山輝明さん

この判決の影響は極めて深刻だ。判決によると、認知症の親を積極的に介護した者は重い責任を負うことになる。これでは誰も介護できない。

まず第一に、判決は、死亡した認知症の男性の子どものうち長男だけを「法定監督義務者や代理監督者に準ずる者」として、親を監督する義務を負わせた。「法定監督義務者」とは例えば未成年の子どもに対する親権者だ。また「代理監督者」は子どもを預かった保育園の保育士さんに相当する。

しかし、高齢の親に対し、非常に厳密な見守り義務や介護の義務を家族に負わせる法律は日本にはない。従って今回のケースでは、認知症男性の法定監督義務者は存在せず、当然、その代理もいないと判断するのが妥当だ。確かに、兄弟姉妹や直系血族は互いに扶養義務を負ってはいるが、可能な範囲で経済的な支援をすればいいことになっている。認知症の父親を24時間、厳密に監督して、その行動に全責任を負う義務も「準じた義務」もなく、判決の論理は法律上、無理がある。

第二に、判決は認知症の男性が財産の管理能力を失っていたことから「本来は成年後見の手続きが取られてしかるべきであっ

田山輝明（たやま・てるあき）
1944年生まれ。東京・多摩南部、杉並区の成年後見センター理事長。早稲田大学前副総長。著書に『成年後見読本』など。

た」と指摘した。だが成年後見人になることは義務ではない。成年後見人にならない選択も許されると理解すべきだ。

判決に従えば、成年後見人を引き受けた場合、被後見人に対して厳密な見守り義務を負うことになる。認知症の高齢者は今後急増が予想され、精神障害者や多重債務者の一部にも成年後見人の制度は必要なのに、このような判決がまかり通れば、成年後見人のなり手がいなくなり、制度の存続すら危ぶまれる。

成年後見人には被後見人の財産管理と適切な見守りをお願いすべきだ。被後見人により第三者が被害に遭った場合のために、保険会社が徘徊事故についての損害保険を開発したり、限定的な公的補償制度も検討すべきだろう。

（2013年10月17日夕刊）

【記者の目】

認知症の人の事故防止、国は十分な情報収集を――山田泰蔵

救えた命があったのではないか。認知症の人が線路に入って列車にはねられたり、行方不明になったりして命を落とす事故が相次いでいる問題を取材する中、そんな疑問を抱いている。再発防止に欠かせない事故情報の収集すら十分に行われていないと分かったからだ。情報を得られる立場にある国がきちんと役割を果たしていないことを歯がゆく感じている。

取材のきっかけは、認知症の男性（当時91歳）が列車にはねられ死亡した事故を巡る昨年（2013）8月の名古屋地裁判決だ。「遺族が注意義務を怠った」とする鉄道会社の主張を認め、ダイヤの乱れなどで生じた損害の賠償として約720万円を支払うよう遺族に命じた（遺族が控訴）。「在宅介護ができなくなる」と認知症の人の家族らが受けた衝撃は大きく、同様のケースを調べてみようと思った。

事故報告の4割、認知症記載なし

鉄道各社からの事故報告を国土交通省がまとめた「運転事故等整理表」を情報公開請求で入手して目を通し、がくぜんとした。事故当時の記事などと照らし合わせると、当事者が認知症という記載のない事故報告が多いのだ。２０１２年度までの8年間に把握できた認知症やその疑いがある人の死亡事故１１５件のうち、認知症の記載がない報告は４割近い43件に上った。

事故報告制度は、国が集めた情報を分析して安全対策につなげるものだ。事故の重要な要素でもある当事者の状況について記載がなければ、再発防止に生かし切れない。国交省の担当者は「当事者が認知症かどうか、鉄道会社が分からないこともある」と説明するが、記載を鉄道会社に促したことも、警察に情報提供を求めたこともないという。

鉄道会社の対応にも不十分さを感じる。大阪府吹田市で認知症の男性が電車にはねられた現場は、フェンスなどに囲まれ容易に立ち入れない。だが、数十メートル離れた最寄り駅のホームの端には、バーを回すだけで簡単に開けられる鉄柵扉があった。断定されてはいないが、警察は男性がここから入った可能性を否定しない。鉄柵扉がもう少し開けにくい構造だったら事故は起きなかったかもしれない。

その後の取材で、同様の状況で起きた事故が複数あることが分かった。しかし、いずれの事故報告にも認知症の記載はなく、事故を教訓にした安全対策も取られていない。踏切事故の遺族会代表の加山圭子さん（58）は「死傷者の性別や年齢など基礎的な情報でさえ4年前までは明記されていなかった。もっと情報を充実させて再発防止に役立ててほしい」と報告制度の改善を求めている。この声に国交省や鉄道会社はしっかりと耳を傾けるべきだ。

警察庁の統計に反映されぬ例も

認知症の人が行方不明になる問題の全体像をつかもうと全国の警察も取材したが、ここでも実態把握は不十分だった。警察庁は12年の行方不明者統計で「原因・動機」の区分に認知症を新たに設けた。同年に行方不明者届が出された認知症の人は9607人で全体の1割を超え、認知症への関心が高まる中で時宜を得た統計と思っていた。

ところが、取材を進めると、警察ごとに対応が異なるためこの統計に含まれない事例がかなりあると分かった。例えば首都圏3県は、いち早く捜索に着手するため、書類提出に時間がかかる行方不明者届の前段階に「一時的所在不明者」という独自の制度を設けている。この制度で受理された認知症の人は神奈川だけでも1947人（11年）に上るが、こうした数字は警察庁統計に反映されていない。

統計区分に認知症を設けた対応は評価したいが、警察庁はもっと踏み込んで実態を調べられるはずだ。というのも警察庁は9年前、徘徊《はいかい》高齢者に関する特別な調査を行い、04年の死亡者と行方不明のまま未発見の人を計約900人と公表しているからだ。行方不明者届（当時は捜索願）に加え、110番通報も調べたことで実態に迫っていた。

この調査は対象を認知症に限ったものではないものの、徘徊高齢者の多くは認知症の人とみられる。現在は04年当時と比べて高齢者や認知症の人がさらに増え、同種調査の必要性は高い。事故状況や症状なども統計的に示すことができれば、再発防止につながる安全対策は格段に進むはずだ。政府は昨年9月、認知症の人を支える地域づくりを進めるため11府省庁でつくる連絡会議を設立したが、認知症の人が安全に暮らせるまちづくりには、的確な現状把握が何より求められている。

（2014年2月20日朝刊）

認知症男性事故死控訴審、同居の妻には賠償責任 長男への請求棄却

愛知県大府《おおぶ》市で2007年、認知症の男性（当時91歳）が徘徊《はいかい》中に列車にはねられて死亡し、JR東海が男性の遺族に振り替え輸送代など約720万円の損害賠償を求めた訴訟の控訴審判決で、名古屋高裁（長門栄吉裁判長）は（2014年4月）24日、男性の妻（91）と長男（63）に全額の支払いを命じた1審・名古屋地裁判決を変更し、妻に対してのみ約360万円を賠償するよう命じた。長男に対する請求は棄却した。

長門裁判長は、同居の妻を民法の監督義務者として、「賠償責任を免れない」と指摘。家の出入り口のセンサーを作動させるという容易な措置を取らなかったことで「1人で外出する可能性のある男性に対する監督が不十分だったと言わざるをえない」と述べた。だが、男性と別居して遠方で暮らす長男に対しては「介護について最も責任を負う立場にあったと言うことまではできない。監督義務者には当たらない」とした。

認知症事故訴訟の争点表

	1審判決	控訴審での遺族側主張	控訴審判決
事故の予見可能性と防止措置	重い認知症の男性を1人で外出させれば、事故を起こすことを容易に予見できたのに、適切な介護体制を整備しなかった。	1人で外出して行方不明になったのは事故当日が初めてで、予見できなかった。男性の外出を完全に防ぐのは不可能。	線路に入り込む行動を具体的に予見することは困難だが、家の出入り口のセンサーを作動させるなどで外出に気づくことができた。
妻の責任	まどろんで男性から目を離したのは過失。見守りを怠らなければ事故は防げた。	深夜、介護で何度も起きており、わずかな間もまどろんではならないという義務を負わせることは不適切。	瞬時も目を離してはいけないわけではないが、監督義務者として男性の生命身体に害がないよう行動を把握する必要があった。
長男の責任	長男が介護体制を最終的に決めたことなどから事実上の監督者と認められる。監督義務を怠り、賠償する責任がある。	可能な範囲で介護したことで、監督者として特別な責を負うのは不当。家族の犠牲と負担で成り立つ介護現場は崩壊する。	扶養義務はあったが、男性とは20年以上も別居している。介護を引き受けていたとはいえず、監督義務者ではなかった。

ＪＲに対しては、駅での利用客などに対する監視が十分で、ホームのフェンス扉が施錠されていれば事故の発生を防げた可能性を指摘し、安全向上に努める社会的責任に言及。賠償額は請求の半分が相当と判断した。

事故は07年12月に発生。認知症で要介護度4に認定されていた男性が妻のまどろんだ数分間に1人で外出し、大府市のＪＲ共和駅の線路内に入り、列車にはねられた。1審は「事故を予見できたのに徘徊を防止する措置を取らなかった」などとして2人に賠償を命じた。名古屋高裁は今年（2014）1月、和解案を示したが成立しなかった。

「介護の実態理解せず」

介護する配偶者の責任を司法は重く認めた。認知症の男性の事故で鉄道会社に生じた損害を家族が負担すべきかが争われた名古屋高裁判決は、妻の監督が十分ではなかったと判断した。「介護の実態を全く理解していない」。介護に携わる関係者からは落胆と憤りの声が上がった。

1審・名古屋地裁判決は、JR東海の請求全額にあたる約720万円の賠償を男性の妻と長男に命じ「家族の責任が重すぎる」と全国の介護現場に大きな衝撃を与えた。この日の法廷には介護関係者らも訪れ、48の傍聴席は埋まった。

判決後、遺族側代理人の田村恵子弁護士らが記者会見。長男への請求が棄却され、妻の賠償額も半分になったものの「家族はしっかり介護していた。1審判決は全て取り消すべきで、妻の責任を認める判断には納得いかない」と硬い表情を崩さなかった。

長男は控訴審開始後、毎日新聞の取材に「大変な1審判決で介護に携わる全国の方たちに申し訳ない。このまま確定させるわけにいかない」と語り、判決を覆そうと自ら専門家を探した。

控訴審判決を受け、会見する「認知症の人と家族の会」の高見国生代表理事（名古屋市中区の司法記者クラブで）

「国の認知症ケアの仕組みを、１９７０年代まで退行させかねない」などとする元厚生労働省幹部による意見書なども提出した。「施設よりもできるだけ住み慣れた地域で」という現在の認知症施策の構築に携わった人物だ。だが、結論を完全に覆すことはできなかった。

判決を傍聴した「認知症の人と家族の会」の高見国生代表理事は「『老老介護』が増えている時代に、配偶者というだけで責任を問われるなら介護はやっていられない」と批判。「事故の損害を家族に押しつけない社会的救済措置をつくる必要がある」と国の対応を強く求めた。

【解説】認知症介護への影響大

判決は「配偶者の地位」にあることで、故意や過失がなくても損害賠償の任を負う「無過失責任」に近い重い責任を認めた。民法に、夫婦は同居し互いに協力・助け合いながら生活しなければならない、という義務があるのが主な根拠だが、認知症介護に与える影響は計り知れない。

長門栄吉裁判長は、重い認知症などの責任能力がない人によって生じた損害について、監督義務者が賠償責任を負うとする民法714条の適用を検討。「現に同居して生活している場合は、認知症になった相手に対する監督義務を負う」と判断し、配偶者は特段の事情のない限り監督義務者になるとした。

そのうえで、介護の状況については「夫の意思を尊重し心身や生活状況に配慮した相当に充実した介護がされていた」と認定しつつも、事故があった場合は「監督上の過失が事実上推定される」とした。具体的にはドアが開くと警告音が鳴るセンサーを作動させなかった点で「監督は十分でなかった」とした。別居の長男については民法上扶養義務があるが、配偶者の義務とは異なり、監督義務者とはいえないとした。

その一方で、判決は損害の公平な分担として賠償額を5割減額した。鉄道事業者に安全向上の社会的責務を認めたもので、鉄道各社は重く受け止め、一層の安全対策を講じるべきだ。

（2014年4月25日朝刊）

【社説】

みんなの目で守ろう　認知症と鉄道事故

認知症の91歳の男性が徘徊《はいかい》中に電車にはねられて死亡し、その家族に鉄道会社から損害賠償請求訴訟が起こされた。男性の妻は当時85歳、自らも「要介護１」の認定を受けていた。夜中に介護で何度も起きており、疲れてまどろんだ数分間に夫が外出したのだったが、裁判所は妻に３６０万円の支払いを命じた。名古屋高裁の判決を無慈悲と思う人は多いのではないか。家族にばかり介護負担を求められる時代ではない。みんなで認知症の人を見守る社会にしなくてはならない。

「同居の妻は民法の監督義務者として賠償責任を免れない」と高裁は言う。だが、一つの家に大家族で暮らし、親族や隣近所とも濃密な助け合いがあったころは認知症もあまりなかった。平均寿命が延びるにつれて認知症は増え、厚生労働省研究班の調査では推計４６２万人に上る。夫婦のみ世帯や独居の高齢者も増加しており、配偶者に監督義務を求めて済まされる状況ではない。

介護負担に苦しむ家族の要望で精神科病院に入れられる人は後を絶たない。徘徊などに困っていても、認知症への誤解や偏見を恐れて助けを求めない家族も多い。

事故は避けなければならないが、徘徊そのものを過度に問題視してはいけない。どこかに行こうとしたり、何かを探したりしているうちに迷子になってしまう、不安なことがあって歩き回る……。何かしらの理由も意味もあるのだが、うまく説明できないために「徘徊」と決めつけられる。そうしたお年寄りの心情や行動を理解し、その人格を尊重することで徘徊などの行動の改善が図られる例は多いという。

「安心して徘徊できる町」を目指す福岡県大牟田市では10年以上前から徘徊する人を市民が見守る模擬訓練を行っている。毎年多数の市民が参加し、認知症の人にどのように声を掛け、手助けするのかを学んでいる。子供たちが認知症の理解を深めるための「絵本教室」、「認知症コーディネーター」など支援者養成などにも取り組んでいる。また、各地の自治体でも、認知症の人が行方不明になったとき、警察やタクシー会社、郵便局、町内会などに一斉に情報が流れる「徘徊SOSネットワーク」の取り組みが広がっている。

高裁判決は原告のJR東海に対しても、利用客への監視が十分でホームのフェンス扉が施錠されていれば事故は防げた可能性を指摘した。鉄道会社にも安全向上の社会的責任を求めるのは当然だろう。家族と鉄道会社だけが負担をかぶらないよう保険や基金を創設するのも一案だ。社会全体でリスクを分かち合い、認知症の人を支えなければならない。

（2014年4月27日朝刊）

認知症で列車事故「損害救済制度を」家族の会

認知症の男性（当時91歳）が死亡した列車事故を巡り、鉄道会社に対する遺族の賠償責任を認めた名古屋高裁判決（2014年4月）を受け、認知症当事者の家族らでつくる「認知症の人と家族の会」は（5月）23日、同種事故による損害を救済する公的制度を創設すべきだとする申し入れ書を厚生労働省に提出した。

遺族、鉄道会社の双方とも高裁判決を不服とし、最高裁に上告している。同会は「誰もが、またどの鉄道会社もが当事者になる可能性がある」として、早急に国の主導で救済策をつくるべきだと訴えた。厚労省は裁判の動向を見守りながら、何らかの対応を検討する考えを改めて示した。

事故は２００７年12月、男性が愛知県大府市のＪＲ共和駅の線路に立ち入って列車にはねられた。ＪＲ東海が遺族を提訴し、１審は男性の妻と長男に約７２０万円全額を、2審は妻のみに半額の支払いを命じた。

（２０１４年5月24日朝刊）

認知症鉄道事故死問題　関連記事

認知症１１５人、鉄道事故死
――05年度から8年間

遺族に賠償請求も
高齢化社会の課題に

認知症またはその疑いのある人が列車にはねられるなどした鉄道事故が、２０１２年度までの８年間で少なくとも１４９件あり、１１５人が死亡していたことが分かった。事故後、複数の鉄道会社がダイヤの乱れなどで生じた損害を遺族に賠償請求していたことも判明した。当事者に責任能力がないとみられる事故で、どう安全対策を図り、誰が損害について負担すべきか、超高齢社会に新たな課題が浮上している。

鉄道事故については各社が国土交通省に届け出て、同省は「運転事故等整理表」を作成している。毎日新聞は情報公開請求で得た整理表と各事故の警察発表などから、「認知症」という言葉が介護保険法改正で取り入れられた05年度以降の事例を調べた。当事者が認知症であることを記載していない届け出も多く、件数はさらに膨らむ可能性がある。

事故の多くは認知症による徘徊《はいかい》や、危険性を認識しないまま、フェンスなどの囲いがない場所や踏切から線路に入って起きたとみられる。線路を数百メートルにわたって歩いた人や、通常は立ち入れない鉄橋やトンネルで事故に遭った人もいた。08年1月に大阪市で当時73歳の女性が死亡した

認知症の人の事故と鉄道会社の対応例

事故年月	鉄道会社	遺族への請求額	運休本数	影響人員
2005年12月	名鉄	80万円	12本	5000人
2007年12月	JR東海	720万円	34本	2万7400人
2009年 5月	JR九州	請求なし	6本	1200人
2009年11月	南海	請求なし	34本	9万3000人
2010年 9月	JR東日本	請求なし	8本	1900人
2011年 1月	JR西日本	請求なし	30本	1万7000人
2011年 6月	東武	16万円	6本	3900人
2011年 7月	JR北海道	請求なし	37本	1万500人
2012年 3月	東武	137万円	52本	2万1000人
2013年 1月	近鉄	80万円	33本	1万5000人

※いずれも遺族や関係者への取材による。請求額と影響人員は概数。JR東海の事故は、同社が遺族に賠償を求めて提訴し係争中

事故では、駅ホームの端にある職員用の鉄柵扉から入り線路に下りた可能性がある。本人がＧＰＳ（全地球測位システム）発信器を身につけていたが、間に合わなかった死亡事故もあった。

認知症の人による鉄道事故を巡っては、名古屋地裁判決が昨年（２０１３）８月、「家族が見守りを怠った」というＪＲ東海の主張を認めて約７２０万円の賠償を遺族に命じた（遺族側が控訴）。家族会などからは「一瞬の隙《すき》なく見守るのは不可能。判決通り重い責任を負うなら在宅介護はできなくなる」と不安の声が上がっている。

毎日新聞はＪＲ東海の事故を含め、被害者の氏名や所在地が判明した9社10件の事故について、遺族や関係者に話を聞いた。

遺族によると、係争中のＪＲ東海のほか、東武鉄道が２件、近畿日本鉄道と名古屋鉄道が各１件で約16万～１３７万円を請求していた。約

137万円のケースでは会社側が事故で生じた社員の時間外賃金や振り替え輸送費などを求めていた。この事故を含む2件は双方の協議で減額されたが、4件とも遺族側が賠償金を支払っている。

他の5件は北海道、東日本、西日本、九州のJR4社と南海電鉄の事故で、いずれも請求しなかった。遺族によると、JR東日本は「認知症と確認できたので請求しない」、南海は「約130万円の損害が出たが請求しない」と伝えてきた。JR東日本は「そういった伝え方はしていない。事実関係に基づき検討し、請求を見合わせたのは事実」、南海は「回答は控えたい」とコメントした。JR各社で請求しないケースが目立つ一方、他社では「原則請求」の対応が少なくないとみられる。

12年度の鉄道事故死者数は295人、統計上別区分の自殺は631件だった。

「保険会社に相談を」

日本損害保険協会によると、遺族は「個人賠償責任保険」などと呼ばれる保険で損害に対応できる可能性がある。自動車保険や火災保険の特約として契約され、保険料は年数千円程度。ただし補償例が「ボールで窓を割った」「飼い犬が人にけがをさせた」などと記載され、鉄道事故を対象と考えない人もいるとみられる。協会は「種類により対象になる場合とならない場合があるので保険会社に相談してほしい」と話している。

（2014年1月12日朝刊）

＊認知症

脳血管や脳細胞の障害で記憶力や判断力が低下し、日常生活に支障が生じる程度に至った状態。以前は「痴呆」と呼ばれたが、侮蔑的で誤解を招きやすいとの理由で2004年12月、厚生労働省が行政用語を変更した。12年の患者数は「予備軍」と呼ばれる軽度認知障害の人（約400万人）を含めて約862万人に上ると推計され、高齢者の4人に1人に上るとみられる。

「24時間見守れない」在宅介護の家族苦悩

妻が踏切で事故死、賠償請求137万円

在宅介護に取り組み家族を失った各地の遺族が、予期せぬ賠償請求に直面している。認知症の人の鉄道事故。予防や安全対策が追いつかない中、遺族の監督責任だけが問われる事態に、「できるだけ住み慣れた地域で」という国の認知症施策は課題を突きつけられている。

2012年3月6日夕、埼玉県川越市の伊藤貞《てい》二《じ》さん（78）宅に近くに住む長女（44）が立ち寄り、首をかしげた。「お母さんは?・」「寝ているだろ」。伊藤さんはそう答えて隣室の寝床をのぞいたが、妻敦子さん（当時75歳）の姿はない。悪い予感がした。まだ肌寒いのにコートは置かれ、必ず身に着けさせていたGPS（全地球測位システム）付きの携帯電話や名前と連絡先を書いた「迷子札」も布団に残っていた。

予感は当たってしまった。敦子さんは自宅から約15分の東武東上線川越駅そばの踏切で、電車にはねられ死亡した。

高度経済成長期に自動車部品工場で職場結婚して50年近く。敦子さんは孫ができたころから物忘れが目立ち、70歳を過ぎて近くの病院で胃がんを手術した際、「麻酔で症状が悪くなることがある」と告げられた。退院後、近くのスーパーから1人で帰れなくなり、事故の1年半ほど前に認知症と診断された。

週に1度ほど徘徊《はいかい》があり、時折、道が分からな

東武東上線川越駅近くの踏切で、伊藤敦子さんは右奥から手前に渡ろうとして電車にはねられ亡くなった

くなることはあったが、大声を上げたり排泄《はいせつ》で困らせたりすることはない。要介護度は「部分的介護が必要」とされる「2」。施設に入れるほどではなく、デイサービスも利用しながら、敦子さんは住み慣れた家で穏やかに暮らしていた。

事故当日は伊藤さんが自治会の用事で出掛けた直後、外に出たらしい。がんを手術した病院の近くで見たという人がおり、そこへ行こうとしたのかもしれない。伊藤さんは帰宅後、妻の不在に1時間ほど気付かなかった。

「もう少し早く気付いていれば……」。悔いは残るが「できる限りのことはした」という思いはある。就寝時は部屋の出入り口で横になり、妻がトイレに立つ度に起きて見守った。近くの孫も一緒に外出する際、常に敦子さんと手をつないで注意を払ってくれた。万一に備え近所にも症状を隠さず伝えていた。

事故の約2カ月後、東武鉄道から損害賠償を求める連絡が来た。請求は137万円余。年金暮らしの身にはとても払えない。相談した弁護士の尽力のおかげか、最終的に東武鉄道は事故対応でかかった人件費など自社分の請求を放棄。JRやバスなど他社への代替輸送分63万円余を支払うことで和解が成立したが、伊藤さんは「鉄道会社もどうすれば事故を防げるか考えてほしい」と思う。

妻敦子さんの遺影と位牌に手を合わせる伊藤貞二さん

同種事故の裁判で、遺族に賠償を命じた名古屋地裁の判決(13年8月)は「目を離さず見守ることを怠った過失」を認定した。伊藤さんは「介護実態に合わない」と怒りを覚える。「鍵をかけて柱にでも縛ってないと、24時間ずっと(の見守り)なんて無理。でも縛るのは虐待だ。判決通りだと買い物一つできなくなる。介護する人は一体どうすればいいのか」

公的な補償制度検討を

――「認知症の人と家族の会」の高見国生代表理事の話

公共的な存在の鉄道会社が、社会問題でもある介護の難しさを考慮せずに賠償を求めるのは問題だ。家族も鉄道会社も事故は100%防げない。損害が補償される公的な制度を検討してほしい。

社会全体で対策議論を

――鉄道事故に詳しい関西大社会安全学部の安部誠治教授の話

遺族に未請求の会社は認知症を考慮した可能性

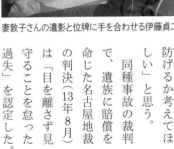

があり、妥当な対応だ。ただし、高齢化で将来事故が増えると会社だけに損害を負わせるのは酷だ。社会全体で対策を議論する必要がある。

（２０１４年１月12日朝刊）

74歳認知症、鉄道事故死 踏切１往復半の末……

センサー感知せず

鉄道事故に遭い死亡した認知症の人たちが８年間で少なくとも１１５人に上ることが毎日新聞の調べで判明したが、このうち２０１１年10月に西東京市で起きた事故では死亡した女性（当時74歳）の姿を監視カメラがとらえていた。踏切内で女性はある方向を指さし、事故は想像もつかない経緯で起きていた。専門家は「有効な対策を探るため、鉄道会社や国は事故の事例を集めて研究すべきだ」と訴える。

現場の踏切は新宿から急行で約20分のベッドタウン、西東京市の中核とされる西武新宿線田無《たなし》駅の脇にある。駅は１日７万人以上が乗降し、事故時と同じ夕刻には買い物袋を抱えた女性や車が遮断機の前に列をなす。踏切内は複々線の一部が合流し始め、奥行きは13メートル。そのほぼ中央で女性は列車にはねられた。約２キロ離れた有料老人ホームの入居者だった。

警視庁田無署によると、女性は事故の１時間ほど前、同じ入居者の60代男性と散歩に出た。２人とも認知症で、事故以前も帰りが遅くなり職員が捜したことはあったが、大抵は自分で帰って来ることができたという。

ホームは入居者の人権や療養上の配慮から閉鎖的な環境を避けるため、玄関は自由に出入りでき

西武新宿線田無駅脇の踏切

る。家族にも説明し、頻繁に出かける人には全地球測位システム（ＧＰＳ）発信器を身につけてもらう安全対策をしていた。

事故の日も、帰りが遅いことを心配した職員らがＧＰＳを使って女性を捜し、踏切の数十メートルまで近付いていた。当時の施設長は「あと少しで見つけられたのに」と悔やむ。

「どんな思いで女性は指をさしたのか」。踏切の監視カメラを確認した田無署幹部は思いを巡らす。女性は男性に続いて踏切に入り、その直後に警報機が鳴り始めたとみられる。渡った先の遮断機は既に下りていた。そこで女性は反対側を指さしたという。「引き返そう」と男性に伝えるような仕草だった。

その後、男性は遮断機をくぐって外に出たが、女性は踏切内を引き返した。さらに反対側の遮断機でも同じようにＵターンし、事故に遭った。幹

事故現場の踏切における女性の動きの概念図

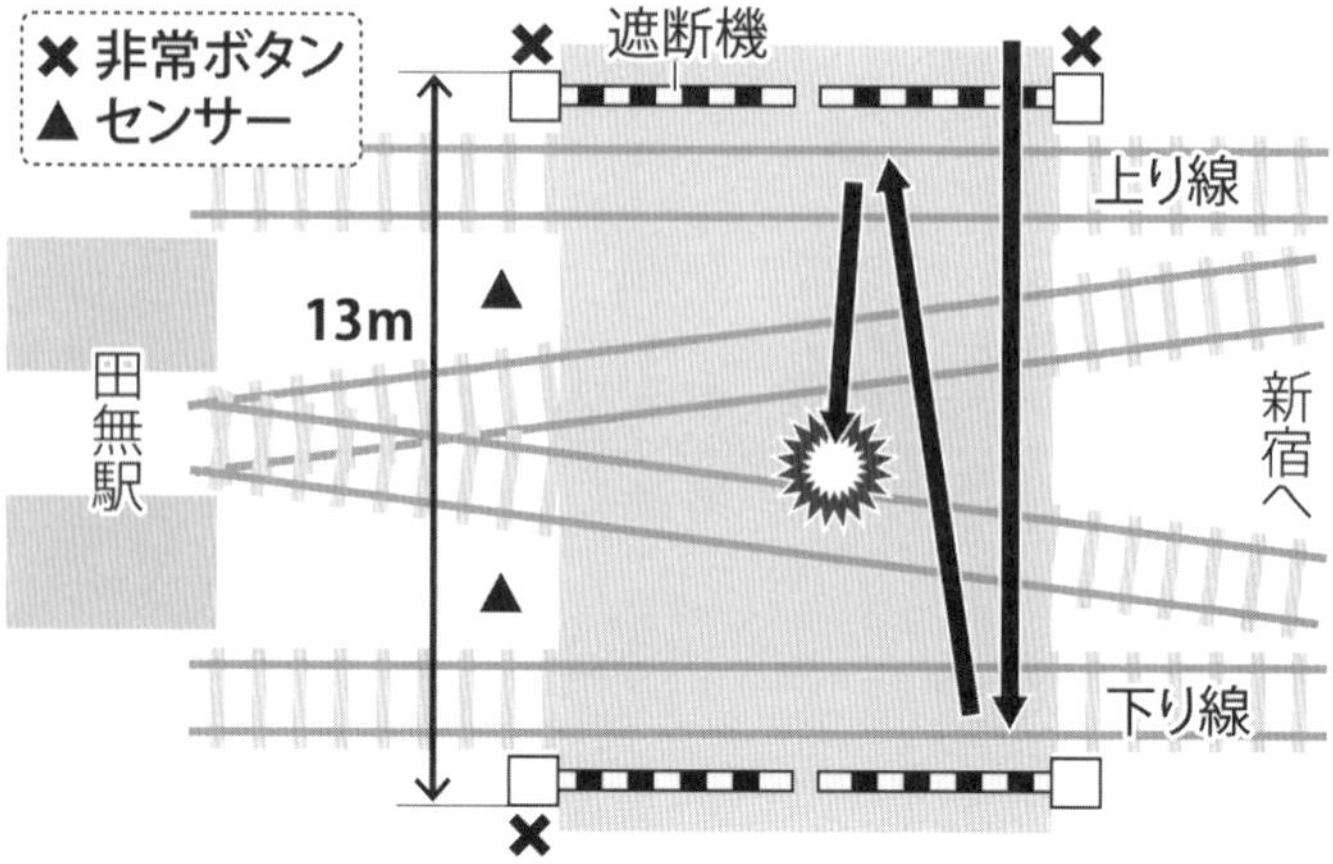

部は「踏切内にいることを女性が認識していたかは分からないが、『遮断機は通れない』と考えたんだろう」と語る。

　西武鉄道によると、現場の踏切は、踏切内の物体に反応して列車に危険を知らせるセンサーや、緊急事態を列車や駅に通報する複数の非常ボタンなどを設置していた。だが、センサーは主に自動車向けで人間ほどの大きさでは反応せず、この事故では非常ボタンも押されていなかった。同社広報部は「最新の安全設備を設けており、これ以上の対策は難しい」と説明する。

事例集め研究必要

　関西大社会安全学部の安部誠治教授は「こんな事故が起きていると知ることが重要だ。鉄道会社は事例を集めて研究すべきで、国が事故対策の検討会を作る方法もある」と提言する。

「安心して徘徊《はいかい》できる町作り」で知られる福岡県大牟田市の元担当者で特別養護老人ホーム施設長の岡山隆二さんは「認知症の理解者が増えれば地域における見守りが手厚くなり事故防止につながる。ＧＰＳも有効だが、地域全体で支えてもらいたい」と話した。　（２０１４年1月13日朝刊）

認知症鉄道事故調査を
——遺族会代表、制度改善を要望

鉄道事故で死亡した認知症の人が２０１２年度までの８年間で少なくとも１１５人に上ることが毎日新聞の調べで判明したことに絡み、踏切事故の遺族会の代表が（２０１４年1月）22日、事故の実態調査と再発防止対策を求める要望書を国土交通省に提出した。

要望書を出したのは踏切事故遺族らでつくる「紡ぎの会」代表で横浜市の加山圭子さん（58）。加山さんは05年、東武伊勢崎線竹ノ塚駅（東京都足立区）近くの踏切で、保安係が安全確認を怠って手動で遮断機を上げ４人が死傷した事故で母親を亡くし、全国の遺族らと共に事故防止活動に取り組んできた。

要望書は「事故を減らすには、すべての事故を調査して類型化し、対策を講じる必要がある」と指摘。現在は認知症の人の事故件数すら国は正確に把握していないため、当事者が認知症の場合は鉄道事業者が国に提出する事故報告書に記載させるなど、事故の調査や報告制度の改善などを求めている。

国交省鉄道局安全監理官は取材に対し「事故報告書の内容が充実するように事業者を指導していきたい」と話した。　（２０１４年1月23日朝刊）

踏切渡れず？　84歳死亡——神奈川・座間

足が不自由　軽い認知症

（２０１４年１月）26日午後1時50分ごろ、神奈川県座間市相模が丘１の小田急小田原線相模原２号踏切内で、つえを突いて歩いていた近くの無職、堺茂子さん（84）が本厚木発新宿行き普通列車にはねられ死亡した。県警座間署は堺さんが踏切を渡りきれなかった可能性が高いとみて、詳しい状況を調べている。

同踏切は小田急相模原駅南西約１００メートルで遮断機と警報機付き。上下線１本ずつが通り、長さ、幅は共に約10メートルある。

踏切に設置されたカメラの映像によると、堺さんが踏切に入って間もなく遮断機が下り始めた。30秒ほどかけて中央付近にたどり着き、立ち止まっている間に電車が来ていた。同署によると、自転車で通りかかった男性が堺さんに気づき、非常ボタンを押したが間に合わなかったという。

同署が家族に聞いた話では、堺さんは足が不自由で軽い認知症だった。デイサービスを利用しながら１人暮らしをしており、家族が毎日訪ねて身の回りを世話。この日の朝も三女が自宅を訪ね、帰った後だった。散歩など外出には家族やヘルパーが付き添い、１人で外に出ないよう気を配っていたという。

この事故で上下計25本が最大51分遅れ、乗客７４００人に影響が出た。（２０１４年１月27日朝刊）

買い物中はぐれ　84歳はねられる——神奈川・大磯

認知症か

（２０１４年２月）５日午後５時40分ごろ、神奈川県大磯町国府新宿《こくふしんしゅく》のJR東海道貨物線で、同県平塚市の無職の男性（84）が、熊本操車場発東京貨物ターミナル行き上り貨物列車（26両編成）にはねられ、搬送先の病院で死亡した。県警大磯署によると、男性は認知症とみられるという。同署によると、男性は5日昼、事故現場から約10キロ離れた自宅近くで家族と買い物中、行方がわからなくなっていた。

（2014年2月6日夕刊）

認知症男性はねられ死亡
——横浜・JR根岸線

線路に迷い込む

（2014年9月）4日午後6時20分ごろ、横浜市栄区小菅ケ谷1のJR根岸線の線路上で、認知症を患う東京都北区の無職の男性（81）が大船発大宮行きの普通電車（10両編成）にはねられ、間もなく死亡した。運転士が線路内を歩いている男性を見つけ、急ブレーキをかけたが間に合わなかったという。近くの本郷台駅ホームの階段から線路内に立ち入ったとみられる。

神奈川県警栄署によると、男性は妻と2人暮らしで、認知症の診断を受けており、この日は現金を持たないまま、午前9時ごろ1人で家を出たという。妻はこの時、家で客に応対中だった。

男性は外出してもいつもは家に戻ってくるが、歩き回ることが多く、名前や連絡先を書いた名札を首から下げ、亡くなった時も名札を身に着けていたという。男性の自宅から現場までは約50キロ離れており、同署は男性のたどった経路などを調べている。

電車は現場に約1時間停車。京浜東北・根岸線の全線で一時運転を見合わせ、約1万7000人に影響が出た。

（2014年9月5日朝刊）

おわりに

他人様《ひとさま》の前で、上司が部下をほめるというのは決して美しい所作ではない。この本を手にしてもらえるような方々の前なら、なおのことだ。それを重々承知しながらも、やはり私は取材班を称《たた》えてしまう。「よくやった」と。同じ新聞記者として誇らしく、そして、うらやましくもある、と。私たちは人のために役立ちたいと願い報道を続けている。残念ながら、記事を書いたことで喜んでもらえる機会はそう多くはない。むしろ、怒りを買ったり、誰かを傷つけたりしがちだ。それでも、結果として社会のためになっている、いつかは理解してもらえる、そう自らに言い聞かせながら日々書き続けている。

ところが、取材班の記事は、離ればなれの家族を引き合わせるという大きな手柄を上げた。まさに人のために役立つ仕事、直接に喜びを届ける仕事ができたのだ。認知症という現代日本を襲う嵐の姿を、社会に告知し、行政を動かした。一連の報道で、2014年はそれまで家族の中にあった認知症との闘いが、社会全体の問題に転化した年として記憶されるのではないか。記事の積み重ねで歴史を刻めたとしたら、記者冥利に尽きる。

今回、私が一番驚いたのは、インターネットで常に誰かとつながり「過剰接続」とも言われる現代にあって、まったくの「圏外」に置かれる認知症の人たちがいたことだ。そして、何よりうれしかったのは、その人たちを「圏外」から取り戻したのは、現場をひたすら歩いた記者たちの地道な取材だったことだ。偶然耳にした話から、問題意識を深め、仮説を立て、いくども挫折しながらもあきらめず、一歩一歩目的地をめざした。その先に、記者の到着をひたすら待ち続けた人たちがいたのだ。

キャンペーンは2012年のクリスマスイブの朝刊から始まった。行き場をなくした老人たちを探し、寄り添いながら話を聞く。「老いてさまよう」という題名には切なさと悲しみと怒りが込められている。最初のシリーズでは、介護報酬目当ての業者によって閉じ込められたように暮らす老人たちの様子を、同じ集合住宅に住み込んだ記者が詳細に報告している。そこから老人施設の問題、認知症の人が鉄道事故にあう悲劇とテーマは深化していった。取材に応じていただいた人たちが記者を鍛えてくれた。心より感謝したい。

記者たちはきょうも取材に歩いている。見落としているものはないか。隠されたものはないか。「圏外」の人はいないか。現場にこだわり続けている。それこそがジャーナリズムだから。

2014年12月

毎日新聞東京本社編集編成局長　小川　一

老《お》いてさまよう――認知症《にんちしょう》の人《ひと》はいま

2015年1月 5日　印刷
2015年1月20日　発行

編著者　毎日新聞特別報道《まいにちしんぶんとくべつほうどう》グループ
発行人　黒川昭良
発行所　毎日新聞社
〒100-8051
東京都千代田区一ツ橋一丁目1-1
出版営業部　03-3212-3257
図書編集部　03-3212-3239

印　刷　精興社
製　本　大口製本印刷
装　丁　中島　浩

ISBN978-4-620-32286-5